新 生活と遊びのなかで

ダウン症児の ことばを育てる

編著 ◆ 池田由紀江
　　　菅野　敦
　　　橋本創一

福村出版

|JCOPY| 〈出版者著作権管理機構　委託出版物〉

本書の無断複写は著作権法上での例外を除き禁じられています．複写される場合は，そのつど事前に，出版者著作権管理機構（電話 03-5244-5088，FAX 03-5244-5089，e-mail: info@jcopy.or.jp）の許諾を得てください．

まえがき

　ダウン症の人たちも，近年の医学の進歩や教育，福祉のさまざまな取り組み，そしてそれらを支える資源の整備によって，学齢期を前にした幼児期から音楽やダンス・舞踊，演劇，さらに，これまで苦手とされてきたスポーツや運動といった多方面の活動に参加することができるようになりました。また，そのような活動を通して，一人ひとり積極的に自分を表現する機会をもつことも，できるようになってきました。なかには，身につけた活動を成人期になっても続け，仕事と楽しみのバランスのとれた毎日を生き生きと過ごしている方々も増えています。しかし一方で，自分を表現する場や活動がみつけられない方や，人と人との関わりにおいて最も基本的な要求や拒否といった自分の気持ちを伝えられないまま，職場や生活の場で窮屈な毎日を送っている人も少なからずいます。ダウン症にとってことばやコミュニケーションの問題は，以前から大きな課題とされてきました。一見，表現することが得意にみえるダウン症ですが，研究の結果では，決して自分を表現することは上手ではないようです。

　私たちは1980年代から，さまざまな研究を基にダウン症児のための早期教育への取り組みを行ってきました。その成果は，目を見張るものでしたが，言語・コミュニケーション領域の成果は他の領域と比べて必ずしも期待したほどのものではなかったのです。ダウン症の言語・コミュニケーションの問題は，次の3点にあると考えられています。①相手を意識して言語を用いる初期のコミュニケーション行動につまずきがあり，②口腔など発音器官と関係すると思われる構音障害がある，③知的障害による言語発達の遅れがあり，特に言語表出の遅れが著しい。これらの問題は，発達のかなり早い時期から起こっていることもわかっています。たとえば，乳児期から幼児期になって集団に入る頃，これまで親との間ではあまり気づかれなかったことが問題として浮かびあがってくることがあります。具体

的には，まわりの子どものことばが理解できているのに自分の気持ちをことばで表現できにくいこと。また，たとえことばが出ていても不明瞭なためにわかってもらえないという問題もそのひとつです。さらに学齢期になって学校に通うようになると，ことばにさまざまな制限があるために思うように学習が進まなかったり，いろいろな活動の場面で自分の気持ちや意見を主張できなかったり，反対に，友だちの意思をうまく受けとめることができないために交友関係の広がりが進まず，学齢期に必要な活発な活動の経験ができないまま，気持ちまでもが消極的になってしまうこともあります。

本書は，ダウン症児がもつこのようなことばの問題に対し，より早期の0歳から学齢期にかけてことばを育てるための方法をまとめた『ダウン症児のことばを育てる－0歳から生活のなかで－』の15年を経た改訂版です。

本書は，次のような構成になっています。

Ⅰ部では，ダウン症のことばについて概観しました。

Ⅱ部では，0歳から学齢期のダウン症児の発達段階を，1）前言語期（出生から2歳まで），2）幼児前期（2・3歳），3）幼児後期（4・5歳），そして4）学齢期（6歳以降）の4つの時期に分け，各々の時期の子どもの発達の様子と課題について述べました。さらに，各時期でことばの発達を促す「ことばの指導プログラム」をまとめました。

Ⅲ部では，1）療育機関での言語治療の例と，2）ことばの治療教室での実践，および3）特別支援学校での重度のダウン症に対する指導例を紹介しました。

そして，本書の最後に付録として，ダウン症児と保護者の方々を支える親の会（日本ダウン症協会）に関する情報とよくあるご相談（Q＆A）を挙げています。

このうち，Ⅱ部の「ことばの指導」の基本的な考え方をここで述べておきます。私たちは，子どものことばを育てるためには，1）両親や保育士，教師など親しい人とのかかわりを通して育むことが大切だと考えます。しかも，この人とのかかわりは，2）〈遊び〉場面と〈生活〉場面を中心に，自然なかたちで行われることが大切だと考えます。〈遊び〉場面や〈生活〉

場面を通して自然に身につけたことばは，実際に使えることばとなるからです。さらに，この２つの場面こそ，3）自分と相手との間で気持ちを伝え合いたいという親密な〈対人関係〉が自然に成り立つ場面です。また，伝えようとする物事を十分経験し〈認知〉する機会にあふれた場面です。さらに，正確な音声を発するための構音器官をコントロールする〈運動能力〉を無理なく，自然に身につけられる場面でもあります。〈対人関係〉〈認知能力〉〈運動能力〉は，ことばの発達を支える３要因と考えます。そこで，「ことばの指導プログラム」は，ことばの発達を支える〈対人関係〉〈認知能力〉〈運動能力〉の３つの要因と，プログラムが実際に展開される〈遊び〉，〈生活〉，そして〈課題学習〉の３つの場面からなる36の観点から項目を作成しました。さらに，ダウン症の子どもたちが，ことばを獲得する過程で特に問題となる〈聞くこと〉の弱さに対応した項目も加えました。

　ここにあげたプログラムは年齢段階別になっていますが，必ずしも年齢にこだわらずに一人ひとりの子どもの発達や特性に応じて活用してください。各プログラム項目には，〈ねらい〉と具体的な方法を示す〈内容〉の他に，子どもの様子に合わせ，アレンジして利用できる〈展開例〉も紹介しています。

　本書は，ダウン症の子どもと毎日を生活する保護者の方々，保育所の保育士や幼稚園の教師の方々，障害児療育機関の専門家，そして小・中学校や特別支援学校の教師の方々に大いに参考になることと思います。しかし，改訂された今でも完成されたものではないと考えています。今まで同様，今後も御批判をいただき，よりよいものにしていきたいと思っています。

　最後に，本書の出版に当たり福村出版編集部の方々にたいへんお世話になりました。また，お忙しいなか執筆していただいた先生方，日本ダウン症協会の方々にも感謝致します。ありがとうございました。

2009年12月

菅野　敦

目次

まえがき

I部　ダウン症児のすがた

1章　ダウン症とは … 10
1. ダウン症 … 10
2. ダウン症の診断とその後の発達 … 14

2章　ダウン症児のことばの発達に関する基礎知識 … 19
1. ことばの発達と早期支援 … 19
2. ことばの発達の特徴 … 22

II部　ダウン症児のことばの指導

3章　ダウン症児のことばの発達と指導 … 28
1. ダウン症児のことばの発達 … 28
2. ことばの発達を支える3つの要因 … 30
3. ことばの指導のための3つの場面 … 35
4. プログラムの構成 … 40

4章　乳児期のことばの指導 … 43
1. 発達の特徴 … 43
2. 指導プログラム … 48

5章　2〜3歳児のことばの指導 …… 60
1. 発達の特徴 …… 60
2. 指導プログラム …… 65

6章　4〜5歳児のことばの指導 …… 78
1. 発達の特徴 …… 78
2. 指導プログラム …… 87

7章　6歳から（学齢期）のことばの指導 …… 99
1. 学齢期の発達の特徴 …… 99
2. 指導プログラム …… 107

Ⅲ部　ダウン症児指導の実際

8章　構音の不明瞭なダウン症児の指導 …… 118
1. あっちゃんの様子 …… 118
2. 指導の方針とねらい …… 124
3. 指導の方法と経過 …… 125
4. まとめ …… 132

9章　ことばの発達の良好なダウン症児の事例 …… 134
1. みゆきさんの様子 …… 134
2. 指導の方針とねらい …… 135
3. 指導の方法と経過 …… 140
4. まとめ …… 146

10章　重度ダウン症児の指導 …… 149
1. かずくんの発達の様子 …… 149

2　指導の方針とねらい …………………………… 150
3　指導の方法と経過 ……………………………… 154
4　まとめ …………………………………………… 160

❋　付　　録　❋

- ■　日本ダウン症協会の案内 ………………………… 164
- ■　よくあるQ＆A …………………………………… 168

索引 …………………………………………………… 176

本文に登場する人物，団体，その他の名称は架空のものであり，事例も変えてあります。

I部

ダウン症児のすがた

1章 ダウン症とは

① ダウン症

1）ダウン症の名称

「ダウン症」と呼ばれている人たちは，人類が地球上に現れたときから存在していたと考えられています。現在残っている最古の証拠は，中世の絵画にダウン症らしい子どもが描かれているもので，その時代にダウン症の人たちが生活していたことが推測されています。

現在知られている最も古い記録は，1866年イギリスの医師ダウン氏が報告した論文です。この論文は，「白痴の人種的分類に関する観察」という小論文で，ここでダウン医師は知的障害のある人たち（当時は「白痴」と呼称されていました）のなかに，「顔が平たく広く凹凸が少なく」「目が斜めについていて」「眼裂は狭い」等の蒙古人種に似た容貌を示す症例を「蒙古人型」と分類したのです。この論文は，現在の研究から見ると全く非科学的で人種差別的な内容ですが，ダウン症の本当の原因がわかるまでの長い間，「蒙古症」という名称で呼ばれるもとになったのです。

1956年ヒトの染色体の数が同定されたのを契機に染色体研究は急速に進歩し，1959年，フランスのレジューヌらがダウン症の原因は染色体異常であることを発見しました。ダウン症の原因が染色体異常であるというこの発見を境として，ダウン症の人たちの新しい時代が始まったといっても過言ではないでしょう。このころからダウン症の医療や教育・福祉が急速に

進歩し、合併症に対する治療や健康管理、教育の保障、早期からの支援などが行われるようになりました。1970年代には、「蒙古症」という呼称は改められ、前述したダウン医師にちなみ「ダウン症候群」（現在「ダウン症」という用語が多く用いられているので、本書では「ダウン症」を用います）と呼ばれるようになりました。

2）　ダウン症の染色体異常と出生頻度

　ダウン症の染色体異常は、21番染色体の過剰（21トリソミー）です。ヒトの染色体数は46本です。その構成は、1番から22番までの常染色体は対（2本のペア）になって44本あり、性染色体は2本（男性はＸＹ、女性はＸＸ）あり、計46本となっています。ダウン症は、図1-1のように21番染色体が3本あり、合計すると47本の染色体を持っていることになります（注：転座型では過剰の染色体が他の染色体に転座しているので46本）。最近の研究では、21番染色体の長腕の21q22領域の部分の過剰がダウン症の原因であることがわかっています。

　染色体異常は主に精子や卵子が作られるときに不分離が起こることが原因ですが、この不分離がどうして生じるのかは未だ明らかにされていません。人種にも関係なくだれにでもすべての人に起こりうる現象であると言われています。

　ダウン症の出生頻度は、1000人に約1人の割合です。現在、日本では1年間に生まれる赤ちゃんの数は約110万人弱ですから、ダウン症の赤ちゃんは1年間に約1100人生まれて

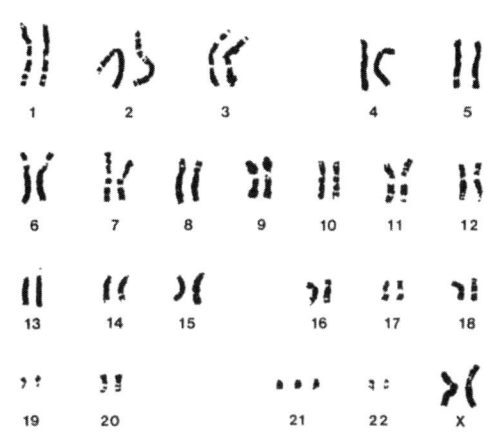

図1-1　ダウン症女児の染色体

いることになります。最近，ダウン症の出生前診断が実施されるようになり，特に，イギリスやアメリカなど母体血清マーカー値等による胎児の異常の早期発見が日常的に実施されている国があります。そのような場合には，ダウン症の出生頻度が少なくなっていると思われます。しかし，そのような検査の倫理的問題は残されたままとなっています。

3）平均寿命

以前，ダウン症は短命であることが強調されていましたが，医学の進歩とともに合併症の治療や健康管理の充実により，現在では平均寿命は約50～55歳であると言われています。これは，重症の心臓疾患や他の合併症をもつダウン症を含めた数字ですから，合併症のない健康なダウン症の人はもっと長く生きることが可能となっています。今後，医療がますます進歩することが考えられるので，ダウン症の人も60歳あるいは70歳まで十分楽しい生活を送ることができるでしょう。

4）合併症と健康管理

表1-1に，ダウン症に多く見られる合併症を示しました。最も頻度の多いのは先天性心疾患で約40％が合併します。病名としては，心室中隔欠損，心房中隔欠損，動脈管開存症，心内膜床欠損症などがあります。この他，十二指腸狭窄または閉鎖，鎖肛，巨大結腸症などの消化器系の異常も少なくありません。また，白内障，口蓋裂，てんかんなどがあります。これらの合併症については必ず専門医の診断・治療を受けることが大切です。

ここでは，ダウン症の主な医学的問題を簡単に述べておきますが，各々の症状に合わせて専門医に相談することが必要です。

表1-1　合併症
先天性心疾患
十二指腸狭窄または閉鎖
鎖肛
白内障
口蓋裂
合指症

① 身体の発育の遅れ

乳幼児期の身長・体重の発育の遅れは、ダウン症児のひとつの特徴といえます。特に乳児期には、体重が増えない、ミルクをあまり飲まない等の症状があり親は大変心配しますが、少しずつ増えていれば焦る必要はありません。学齢期、思春期になると体重が増えすぎて肥満になる傾向がありますから、幼児期から過食にならないように気をつけましょう。身長は、成長後も標準よりかなり下回ります。低身長は、染色体異常に起因しているものですが、両親の遺伝も受け継いでいますから両親の身長が高いと子どもも高い傾向があります。成人したときの平均身長は、約男150cm、女140cmです。ダウン症は甲状腺機能低下症を合併するものが多いので、顕著な身体発育の遅れには留意しましょう。

② 呼吸器の問題

ダウン症児は、かぜ、気管支炎、肺炎にかかりやすく、その症状が急速に悪化する傾向があります。特に赤ちゃんの頃は、保温に気をつけて感染しないように配慮しましょう。

③ 目の問題

ダウン症児の7～8割に何らかの眼科的問題があります。白内障は先天的にしばしば見られますが、赤ちゃんの頃になくても年齢が進むと増加します。また、斜視や眼球振とう、屈折異常はしばしばみられます。近視、遠視、乱視などの屈折異常は、見過ごされると子どもの発達に影響を与えるので、必ず眼科医の診察を受けることが必要です。睫毛内反症（さかさまつげ）や結膜炎、眼瞼炎も多いので留意しましょう。

④ 耳・鼻の問題

中耳炎や鼻炎に罹りやすく、かぜをひくと引き続いて滲出性中耳炎になることが多いようです。また、耳の形が異常であったり、外耳道が狭いこともあります。もっとも留意しなければならないのは聴覚の障害です。ダウン症の聴覚障害は、軽度や中等度の難聴が多いので気づかれにくいのですが、日常生活の子どもの行動を観察し、もしも音声に対して反応が弱

い場合には，早期に専門医に診察してもらう必要があります。

⑤　歯・口腔の問題

ダウン症は乳歯の生える時期が遅れがちであり，また，乳歯の生える順序の乱れがあります。成長しても生えてこない歯（欠損歯という）がある一方で，過剰な歯が出てきたりするために歯並びが悪くなったり，上顎（あご）と下顎の骨の発育不全のためにかみ合わせが悪くなったりします。また，歯が生えてきた後は，口腔衛生に気をつける必要があります。

口蓋裂の合併症がある場合には，手術後の言語治療も必要です。

⑥　皮膚の問題

皮膚が弱く，乾燥しているため湿疹（しっしん）ができやすく，血液の循環が悪いために冬はしもやけになりやすいようです。髪の毛も抜けやすく，円形脱毛症の頻度が高いようです。

⑦　整形外科的な問題

内反足（ないはんそく）など歩行に関係する問題もありますが，頸部の環軸関節発育不全（かんじくかんせつはついくふぜん）が注目されています。頸椎（けいつい）の環椎（かんつい）と軸椎（じくつい）の骨の発育が不十分なために起こるもので，脱臼が生じると手足のまひ等の神経症状が現れるので早期に発見することが必要です。

2　ダウン症の診断とその後の発達

１）　ダウン症の診断――わが子がダウン症と診断されて

出生前診断により胎児の時期にダウン症の疑いがあることが判明する場合もありますが，一般にダウン症の診断は，出生したときの赤ちゃんの顔貌や体の特徴から「ダウン症の疑いあり」とされ，染色体検査によって確定します。ダウン症であることを親に宣告する時期は，出産直後という事例もありますが，検査結果が明らかとなって，だいたい生後２～３週目が多いのではないでしょうか。わが子がダウン症であると診断されたときの親のショックは計り知れないものがあります。親は，そのときの気持ちを次のように述べています。

「今までの人生でまったく経験したことのないショックを感じた」

「どうしてわが子が，どうしてわが子が……どうして私たちがこんなに苦しまなければならないのか」

「もう，私の人生も家族の将来もこれでおしまいだ」

「どうして隣ではなく私のうちに生まれてこなければならなかったのかと神を呪った」

「医師から診断を受けたとき，頭が真っ白になりその後の医師の説明は耳に入らない状態だった。涙が止まらない状態で電車，バスを乗り継いでどのようにして帰ったか全く覚えていない」

　このように診断直後には，深い悲しみ，絶望感，不安，恨みなど心理的危機状態に陥ります。しかし，家族や友人から励まされ，あるいは同じダウン症児をもつ親から励まされ，しだいに立ち直っていくのですが，同時に医療機関の医師や看護師，地域の保健師，心理士，ソーシャルワーカーなどの専門家のサポートが必要です。かれらの支えにより危機的状態から脱し，子どもの障害を受容していくのです。

　エンジェルの会（愛知県豊田市親の会）会員の満1歳を迎えた剛ちゃんのお母さんは，次のような手記を書いています。

　　剛の誕生は，私たち夫婦の新たな人生の始まりでした。思えば今まであまりに幸せ過ぎた日々でした。妊娠中「幸せすぎて赤ちゃんに何か起こりそうで怖い」と友人にこぼしていたほどでした。（中略）
　　予定より3週間早く2495gで剛を生んだ日，幸福の絶頂にいる私に「赤ちゃんはダウン症かもしれない」と，先生が告げて行きました。母になったばかりで1度もこの手にわが子を抱くことさえなく，悲しい現実を知らされました。お祝いの花もプレゼントもすべて涙に変わり，その日から「ダウン症」が頭から離れず，剛の将来ばかりか夫のそして自分の未来をも見失ってしまい，悲しみにくれる毎日が続きました。そんな私が，夫や祖父母に励まされ，何より剛の笑顔に支えられ1歳の誕生日を迎えることが

できました。この１年，私から剛に教えたことより剛から学んだことの方がずっと多いと思います。訓練や病気で通院したりで苦戦の毎日ですが，あのころ生きていく勇気のなかった私に，今は剛が誰よりも強く賢い母親になれと教えてくれます。剛に背負わせてしまった障害という重荷を私と夫が，そして剛がこれから出会う人たちが少しずつ分けあい，この子の荷が少しでも軽くなればと願わずにいられません。小さかった剛も今では体重９kgを超え，皆さんに「大きいわね」と言われるほどたくましくなりました。これからも愛情をたっぷり注いでもっともっと大きく育つようがんばります。
（「エンジェル」1994年１／２月号）

上記のように，多くの親御さんは，子どもの障害を受容し，子どもの成長を見守るようになります。わが子がダウン症であると診断された親御さんに対して，私たちは次のようなことをお話しするとともに，協力して一緒にこの赤ちゃんを育てていきましょうと励ましています。

（１）　わが子がダウン症児であるという事実を直視しなければなりません。この事実から逃避することはできません。そして，このことから生じる多くの障壁に対して，夫婦や家族で，あるいは友人や支援してくれる人とともに前向きに立ち向かっていく姿勢をもちましょう。その際，この世のなかには支えてくれる人がたくさんいることを信じてください。

（２）　ダウン症児を授かることによって自分の人生の在り方，これからの生き方，価値観，人間観などを深く考えることができます。そうすると今までとは異なる夫婦の絆，家族のまとまり，友人との真のつきあい，生きている意義が明らかになり，今まで以上に充実した人生が送れるのではないでしょうか。

（３）　手厚い育児を必要としているこの子どもたちには，愛情あふれる親が必要なのです。あたたかい家族が必要なのです。この親ならしっかりと育ててくれるだろうと，神によって選ばれた家庭かもしれませ

ん。「選ばれた親」として自信をもって育てていきましょう。

2）ダウン症児の発達

ダウン症児の発達は，運動，知能，ことば，社会性などにおいて全般的な遅れがありますが，その特徴を理解しながら丁寧な対応をすることによって，子どもの能力を引き出すことができます。

運動発達では，乳幼児期のダウン症は運動発達の遅れが顕著です。ダウン症児の運動指標の平均は，「首のすわり」5～7ヶ月，「寝返り」8～9ヶ月，「座位」10～12ヶ月，「這い這い」15ヶ月，「歩く」24ヶ月です。しかし，合併症のある場合や筋緊張が著しく低下している場合には，この平均よりもさらに遅れます。学齢期になると，運動は全体的に活発になりますが，平衡機能や瞬発力，持久力，握力などは健常児と比較するとかなり低いようです。最近，余暇活動として，サッカー，機械体操，水泳，スキー，ゴルフなどの得意な人も多くなってきました。幼児期からの体作りと運動習慣の形成が大切です。

ダウン症の知能発達は遅れますが，少しずつ発達します。知能とは，記憶，問題解決，概念形成，数概念，推理などの精神活動であり，言語や思

考と関連するものです。知能検査による「精神年齢（知的発達年齢）」では，ダウン症児は年齢が高くなるにつれて精神年齢も発達しますが，成人ダウン症の平均精神年齢はほぼ4～7歳です。知能の発達は個人差が大きく，最近では大学や専門学校で学ぶ精神年齢の高いダウン症が増えています。また，精神年齢が低くても自分の夢を実現して充実した社会生活をしている人も多くなりました。つまり，知能検査による精神年齢だけでは計ることのできないものがあることは周知のことであり，最近のダウン症の記憶に関する私たちの研究でも，学齢期から青年期のダウン症の短期記憶は，精神年齢の増加に伴い記憶容量が増加するとともに，特に，視空間的記憶が良好であることが明らかになっています。

　言語発達は，さまざまな困難をもっています。このことについては次章で詳しく述べます。

　社会性の発達とは，生活に必要なスキルの習得や他の人や子どもとのつきあい方やその中で必要な意欲や自制心や責任感の発達などを指します。社会性の発達は，教育・環境に大きく左右されます。親の溺愛・過保護的な養育態度は，子どもの社会性を阻害しますし，集団での遊びなどが保障されない環境では，友達とのつきあい方は習得されません。ダウン症児の社会性の発達は，比較的良好と言われており，これは穏和な性格や誰とでも仲良しになるという性格特徴によるものだと思われますが，一方では，幼児期以降の集団の中でのごっこ遊びやルール遊びにおいて友だちの中に入れない，友だちに自分の思いをことばで主張できないなどから，大人を介した関係作りが必要となります。

　「ダウン症」という同じ診断であっても，一人ひとりの子どもの発達には個人差があります。また，「ダウン症」としての身体的特徴や発達の特徴があるとしても，ひとりの個性をもつ「子ども」であることを忘れてはなりません。つまり，「ダウン症児」を育てるのではなく，「子ども」を育てるのです。毎日の楽しい生活と遊びを通して子どもの発達を促すことが大切です。

2章 ダウン症児のことばの発達に関する基礎知識

1 ことばの発達と早期支援

1）ダウン症児のことばの発達

　ダウン症児は，人との関係は良好で，あやすとにっこり笑ったり，大人の仕草（しぐさ）を真似（まね）したり，表情が豊かです。ことばでの表現よりも，動作，ジェスチャー，手振りなど視覚的手段でコミュニケーションをとろうとします。コミュニケーションとは，人と人がわかり合えることなので，どのようなコミュニケーション手段であっても周囲の人と楽しくコミュニケーションできることが大切です。したがって，ジェスチャーなどによるコミュニケーションを大切にすることが，その後のことばの発達につながります。

　ダウン症のことばの発達の平均発達指標は，「ダダダ，ママ マをいう」15ヶ月，「意味のあることばを三語以上いう」30ヶ月，「二語文」3〜3歳6ヶ月です。個人差が大きく，知的障害が重度であればさらに遅れます。また，男児は，女児よりことばの発達が遅れがちです。

　ダウン症児のことばの発達の遅れは，他の知的障害児の言語発達の遅れとおなじように，基本的には知的発達の障害程度と関連しています。知的発達が良い場合は言語発達も良好であり，知的発達の障害が重度の場合には言語発達も遅れが顕著であり全くことばをしゃべらないこともあります。

　しかし，従来の多くの研究からダウン症児のことばの問題は，他の知的障害児とは異なるダウン症特有の特徴があることが明らかになっています。

たとえば，理解言語に比べて表出言語の発達が遅れていること，大脳左半球の言語野の機能が健常児と異なっていること，聴覚情報処理能力が視覚情報処理機能より遅れていること，などです。

また，ダウン症の診断が非常に早期になされることや乳児期に合併症への身体的なケアが必要であるということから，親の溺愛・過保護的な養育態度が形成されやすい環境にあると思われます。そのような養育態度から，子どもからの要求が少なく言語を必要としない環境がことばの発達を阻害することもあることが報告されています。

私たちは，多くのダウン症児の超早期からの介入を試みてきました。その結果として，発達の領域別に見ると，他の領域の発達はかなり効果があることが証明されましたが，ことばの領域は残念ながら改善が期待通りにいかないこともわかりました。そこで，本書では，このようなダウン症の特徴を踏まえて，生活の中でできることばの発達を促す方法を提案することにしました。

2）育児環境の問題——母親への早期支援

ダウン症の赤ちゃんは，生後6ヶ月頃までは「おとなしい」「おなかがすいても泣かない」「寝てばかりいる」というように，赤ちゃんからの信号が少ないのが普通です。もしも，お母さんが自分の子がダウン症であると診断されて，精神的に落ち込み子どもをどのように育ててよいかわからない状態で，このおとなしい赤ちゃんを放置していたとしたら，赤ちゃんのことばの発達は影響を受けるでしょう。ことばだけでなく，赤ちゃんの発達にとってもっとも早期に不可欠なのは母子の愛着関係です。赤ちゃんは，早期からお父さんやお母さんから話しかけられ，あやされ，スキンシップをうけて，発達していくのです。

ダウン症の診断後の過程で支援がなく孤立した親の場合，子どもがダウン症であるという事実を認めることができず，子どもに対して愛情がわかないという危機状態に陥ることがあります。

あるダウン症の男の子どもの事例です。生後1週目に医師からダウン症と診断され，親は深い悲しみの中で家に閉じこもる日々が続きました。親は，不安と絶望感にうちのめされ，子どもを周囲から隠そうとしたのです。買い物に行くときも，子どもだけ家においていきました。外に連れて行くことはほとんどしなかったといいます。母親は，子どもを抱いて愛撫したり，話しかけたり，一緒に遊ぶことも全くしなかったのです。ダウン症は短命であると聞いたので子どもの死を願ったこともあったのです。しかし，子どもは元気に成長し，1歳の誕生を迎えました。ようやく何とかしなければと考えて相談に訪れました。筆者が初めて会ったのは1歳3ヶ月でした。身長，体重の発育はダウン症としては良好でしたが，こちらからの働きかけに対して全く反応がありません。声をかけてもあやしても笑わずぼんやりとしていて表情がありません。目と目も合いません。お母さんがいなくても全く泣きません。「あーあー」という発声もありません。合併症もなく身体発育も良好なのにことばや知能の発達が遅れているのは，生後早期の母子の愛着関係にあると判断し，直ちにダウン症の療育プログラムに参加してもらい，母親の支援を始めました。やがて，子どもに対する愛情が出てきて，子どもを抱いてあやし，一緒に遊ぶようになりました。子どもの方もあやされるとニコッと笑ったり，「あーあー」と声を出してお母さんの方を見るようになりました。こうして，3歳になりましたが，運動発達や日常の生活習慣のスキルは良好ですが，ことばの進歩は遅れました。意味のあることばが出たときは，6歳になっていました。

この事例は，前言語期（ことばの前の時期）の親の関わり方が後のことばの発達にとっていかに重要であるかを示しています。最近は，ダウン症に対する一般の理解が進み，このような事例は少なくなりましたが，障害児の早期からの医療・福祉支援体制の一層の充実が望まれます。特に，医療機関で診断されたとき，地域の保健福祉サービスとの連携により，親への心理的支援や子育て支援が行われることが必要であると思われます。

2 ことばの発達の特徴

1）ことばの不明瞭さ

　ダウン症の子どものことばの発達の特徴として，ことばの発達そのものが遅れることと，同時にことばの発音が不明瞭であるということがあります。ダウン症のほとんど全員がことばの不明瞭さを有しています。ことばをしゃべることができるようになっても，家族のように身近にいる人には理解できるが，初めての人には何をしゃべっているか全く分からないことがしばしばあります。

　発声は，肺から出された呼気が，喉頭・声帯を経て咽頭・口腔・鼻腔に達し，そして舌，唇，口蓋が働いてことばとして出されます。人の声は，声帯の長さや張度，厚さなどによって変化し，口腔，舌，口唇，口蓋の動きが大きな役割をしています。ダウン症には，この発声の過程においていくつかの問題があります。まず，ダウン症では，呼吸器系の感染症に罹患（りかん）しやすく，気管支炎，肺炎の既往歴があり，また心臓・循環器系の合併症があるために，肺からの呼気圧や呼吸量が少なくなっています。さらに，口から出た厚ぼったい舌，高口蓋，歯並びの悪さ，唇や頬の筋肉の動きの悪さなどがあります。

　このような呼吸や発声器官の問題が，ダウン症児のことばの不明瞭さに影響を与えています。しかし，ダウン症児のことばの不明瞭さはそれだけではなく，音声の聴覚フィードバックにも問題があるように思われます。ふつう，赤ちゃんは生後5〜6ヶ月頃より自分が発声する声を聞いてフィードバックし，しだいに親の発声に合わせた正しい発音ができるようになります。ダウン症の子どもは，この能力に弱さがあるために，ゆがんだ発声や誤学習した発音を修正しにくいのかもしれません。また，正しい発音をするための運動をプログラミングする大脳機能が劣っているとも考えられます。

　ダウン症児の発声器官の問題では，赤ちゃんの頃から唇や舌や口腔の動

きをよくすることに留意し，離乳食を与える頃から食べ物を取り込み，噛み，飲み込むという機能を向上させることが必要です。固いものを噛むこと，噛みきること，口を閉じて飲み込む，コップから水を飲むことなどができるようにする必要があります。

2）難聴と聞き取りの力
① 難聴

ダウン症は，聴覚障害（難聴）を合併している頻度が高いです。それは，外耳道狭窄，中耳の奇形，耳管狭窄などの先天的な器官の異常によるものもありますが，後天的に中耳炎，特に滲出性中耳炎の罹患が多く，その後遺症として難聴になることが多いようです。

聴力検査は，通常の純音聴力検査は知能レベルが5〜6歳以上ないと不可能なので，ダウン症のように知的障害がある場合には，乳幼児聴力検査（条件詮索反応聴力検査，ピープショウ乳幼児聴力検査）や日常の観察，また他覚的検査として聴性脳幹反応などいくつかの検査を並行して検査します。

日常の行動観察では，ダウン症児が知的障害を有していることを考えて観察しなければなりません。たとえば，赤ちゃんの後ろからベルの音を鳴らすと振り向くようになるのは，健常児では4ヶ月頃ですが，ダウン症では7〜8ヶ月になります。4ヶ月頃のダウン症の赤ちゃんは，ベルを鳴らすと眼球がちらっと動いたり，手足の動きが止まったりという反応はありますが，ベルの音に対して頭を回して振り向くようになるのは7ヶ月過ぎになります（合併症がある場合や重度の知的障害がある場合にはさらに遅れることがあります）。

ダウン症の聴覚障害の特徴は，軽度や中等度のものが多いので見逃されがちです。また，低い音の聴覚障害の場合も見つかりにくいものです。1,2歳になっても声かけに対して，ぼんやりしていたり，発声が少なくおとなしい，名前を呼んでも振り向かないなど，聴覚の障害を疑うような行動がある場合には，必ず耳鼻科で精査してもらいましょう。また，聴覚特

別支援学校（ろう学校）の教育相談では，聴覚検査の実施や家庭での育て方の指導をしているので利用しましょう。

② 聞き取りの力（聴覚認知）

　ダウン症児は，難聴がない場合でも聞き取りの力が弱いので，前述したようにことばの発音の不明瞭さの原因にもなっています。ダウン症児は視覚情報を認知する能力は比較的優れていますが，聴覚情報を認知する能力は弱いのです。たとえば，学齢期のダウン症児は，形の弁別や文字の読み書きを習得することは難しくありませんが，聞いたことばや数を復唱するような課題は苦手です。例として，田中ビネー式知能検査の3歳代の項目の中に「3・2・7」を復唱させる課題がありますが，これはダウン症児にとって大変困難な課題で通過できないことが多いのです。同じ3歳代の課題である視覚課題（絵の異同）は通過できるのですが，数の復唱や文の復唱は，時間的な要素が連続して入ってくる聴覚情報の認知を必要としているからです。このような特徴がダウン症のことばの発達に影響を及ぼしていると思われます。

　ダウン症児に話しかけるときには，このことに留意して，はっきりとやや大きめの声で話しかけるとともに，子どもが聞き取れたかどうか，理解できたかどうかを常に配慮することが大切です。

3）吃音

　学齢期になるとことばによるコミュニケーションができるようになります。社会生活も広がり，友だちや近所の人たちとことばによる意思伝達が中心となります。しかし，ことばをよく話すダウン症児が，突然，吃音になることがあります。多くの事例では，新しい学校に入った，新学期になり担任が替わった，クラスが変わり友だちが変わったなどのように，子どもが精神的緊張の状態にあることがその原因だと思われます。事例を紹介しましょう。

　Kくんは，保育園で統合保育を受けた後，普通学級に入学しました。お

母さんは，Kくんが学校で大便や小便を失敗しないように大変心配し，口うるさく注意したり，忘れ物がないように注意したり，また，勉強が遅れないように家で厳しく勉強を教えました。学校入学後，2ヶ月たった頃から，Kくんは最初の音を伸ばすような話し方をするようになり，最初の音が出にくくつまるという症状が見られるようになりました。

　Yくんは，幼稚園で楽しく過ごしていましたが，いよいよ卒業が近くなりクラスの雰囲気が緊張してきました。小学校入学を目指して文字を学んだり，長い時間着席することも多くなりました。先生も今までの優しい先生から，少し厳しい先生になりました。このころから，Yくんの吃音が始まりました。

　この2つの事例では，早期に発見されたので，子どもの生活の環境改善がなされました。緊張させないように周囲の心配りと親がうるさく干渉しない態度をとることによって，2人の吃音は改善されました。

　全般的に，ダウン症は，新しい場面や慣れない場面にたいして，精神的に緊張しやすい傾向があります。このことを留意し関わることが大切です。

II部

ダウン症児のことばの指導

3章 ダウン症児のことばの発達と指導

1 ダウン症児のことばの発達
——前言語期,幼児前期,幼児後期,学齢期の発達とことば

　ダウン症児のことばの発達の様子がどのようなものであるのかを知っておくことは,ことばを育て,指導しようとする者にとって大切なことです。第Ⅱ部では,0歳から学齢期のダウン症児の発達段階を,1)前言語期,2)幼児前期,3)幼児後期,4)学齢期の4つの時期に区分して,各時期の発達を,ひとりのダウン症児あいちゃんの発達の様子を通して見ていきます。さらに,各時期の発達に適した『ことばの指導プログラム』を紹介します。

　そこでこの3章では,4つの時期におけるダウン症児の一般的な発達目標と,各時期のことばの発達の様子について,表3-1に整理し,解説することにします。

　各時期の発達に関して,より詳しい説明は,4章〜7章のあいちゃんの成長を通して『この時期の様子と課題』で展開していきます。

　表3-1のように0歳から学齢期のダウン症児のことばの発達とこの時期の発達の目標を整理してみると,ことばの発達は決してことばだけが独立して発達するのではなく,その時期の全般的な発達を基礎とし,また,それぞれが密接に連関しながらなされることがわかります。

　そこで次に,ことばの発達を支える要因について考えてみましょう。

表3-1 ダウン症児の発達目標とことばの発達

時期	この時期の発達の目標	ことばの発達の様子
前言語期：0〜1歳 （おおよそ 歩行の獲得まで）	・母親との愛着行動を確立する ・諸感覚の機能の基礎を育てる ・いろいろな刺激を受け入れ，外界を探索する ・歩行を獲得する	・音や人の声に気づくようになる ・いろいろな声を出すようになる ・表情や動作によるコミュニケーションの始まり
幼児前期：2〜3歳 （おおよそ 3歳頃まで）	・手の操作を確立する ・移動を伴う探索行動を育てる ・対人関係を広げ，育てる	・ことば（一語文）を獲得する ・いろいろな人ともコミュニケーションの相手を広げていく ・動作や声を真似るようになる ・ことばの理解が深まる
幼児後期：4〜5歳 （おおよそ 就学の頃まで）	・家庭から地域へと行動範囲を拡大し，集団へも参加する ・少しずつ自己をコントロールし（がまんができるようになり），社会性を育てる ・発達に応じた生活習慣を形成する	・ことばによるコミュニケーションを形成する ・ものの名前を理解し，いろいろな人や場で使うようになる ・二語文を用いた表現をするようになる
学齢期：6歳〜 （小学校低・ 中学年頃）	・自己をコントロールし（がまんができるようになり），集団内で行動する ・基本的な生活習慣を獲得する ・ことばによるより確実なコミュニケーションを獲得する	・ものの性質や，ものとものとの関係を理解し，表現するようになる ・二語文やより複雑な表現をするようになる ・書きことばに興味をもち，ひらがなを何文字か読むようになる

2　ことばの発達を支える3つの要因
──対人関係，認知能力，運動能力

　ことばの獲得は，ちょうど花の開花にたとえることができます。それほどことばが獲得され，発達していく過程はデリケートで，さまざまな要因の影響を受けているのだといえます。花の場合，開花を急ぐあまり花芽をひっぱって伸ばそうとは誰もしませんね。しかし，ことばを育てようと思うとそうはいかなくなるようです。

　子どものことばを一番心配しているはずのお母さんが，発達を焦るばかりに，テーブルの上のリンゴを指し示して「○○ちゃん，これリンゴよ」，「リンゴ」，「言ってごらん，リ・ン・ゴ」と一方的に話しかけている場面に出会うことがよくあります。それにこたえて，子どもが「ン…ゴ」と言っても，お母さんは，「そうね，リンゴだね」とほめ，認めるのではなく，「そうじゃないでしょ，リ・ン・ゴでしょ，リ，リよ」と否定し，子どもの言ったことばを修正しようとさえします。その結果，せっかくの会話のきっかけもそこで終わらせてしまうことになるのです。もちろん，子どもの話そうとする意欲も完全に打ち砕かれてしまいます。

　でもこれは，お母さんだけの責任ではありません。お母さんがことばのことを心配して専門機関を訪ねると，「ことばかけが足りないのではないですか？　もっとことばかけを多くすると，お話しするようになりますよ」とだけ言う専門家に会うことが多いはずです。彼らにも責任があるのです。そんな助言を聞き，わかったつもりになったお母さんは，帰宅し，いざ子どもを目の前にことばかけをしようとすると，具体的にはどうしたらいいのか，ことばかけの難しさに気づくはずです。そのひとつが，ことばをかける【場面の作り方】です。お母さんが子どもと一緒に活動していると自然に出てくるはずのことばかけも，ことばかけをしようしようと意識すると，いつ，どの場面にことばかけをしたらいいのかと機会にばかり

注意がいき，子どもの活動の相手役から監視役に変わってしまいます。しかも，肝心のことばかけは指示や命令になってしまいます。

　場面作りができても，次に，どのようなことばをかけたらよいのか【ことばかけの種類】も整理しておく必要があります。子どもの活動を早く，直接的に方向付けようとすると，どうしても指示や修正，そして拒否のことばが多くなってしまいます。子どもを励まし，ほめることばかけは『あなたの活動を認めていますよ，一緒に活動できて楽しいね』というお母さんの気持ちを伝えるものです。そのようなことばかけを通して子どもとお母さんとの活動は，一層楽しく，豊かなものになっていきます。

　子どもへの一方的なことばかけに注意するために，お母さんは，ことばの役割についても知っておく必要があります。まだことばの十分でない子どもには，どうしても「これは，〜ですよ」ということばをかけがちです。しかし，このことばかけには〈ものに名前をつける道具としてのことば〉という機能しか考えられていません。ことばには，他に〈コミュニケーションの手段としてのことば〉，〈意志や感情を表す道具としてのことば〉，といった共感やコミュニケーションを育む機能やそれらを基礎として〈思考の道具としてのことば〉そして，〈人や，自分の行動をコントロールする道具としてのことば〉という重要な役割りもあります。これら【ことばの機能】について知って子どもとかかわると，一緒に過ごす時間はもっと楽しい時間になるでしょう。

　さらにお母さんが，ことばの発達を支える要因についても知っていたら，子どもとの間でもっと豊かな時間を過ごせるでしょう。

　そこで次に，ことばの発達を支える対人関係，認知能力，運動能力の3つの要因について具体的に考えてみます。

要因1：ことばには，自分と相手との間で気持ちを伝え合いたいという親密な〈対人関係〉が成り立っていることが大切です

　ダウン症の赤ちゃんが初めて話すことばは何でしょう？「マンマ（食

べもの，あるいは，お母さん）」であったり，「ブーブ（自動車）」の場合が多いようです。では，なぜこれらのことばが早く話されるのでしょうか？「マンマ」は，多くの場合，食べものを『要求』するときのことばです。あるいは，「お母さん，ちょっと来てよ」とお母さんに『要求』を伝えることばです。一方「ブーブ」は，「自動車が欲しいよ」と，やはり『要求』を示すことばであったり，「アッ，自動車来たよ」という，赤ちゃんの『感動』を伝えることばです。ここで少し考えてみてください。自分の『要求』や『感動』を伝えようとする相手とは自分とどのような関係にある人でしょうか？　私たち自身におきかえて考えても，『要求』や『感動』を伝えたいと思う相手は，ごく親しい親密な関係が成り立っている人であるはずです。すなわち親密な『対人関係』が成り立っていることが，ことばの発達にとって重要な要因のひとつと考えられます。この『対人関係』は，前言語期（乳児期）のお母さんとのスキンシップや，表情や声のやりとりをたくさん経験して育っていきます。

要因2：ことばには，伝えようとする物事を十分経験し，それらを概念とするための〈認知能力〉が必要です

たとえば，リンゴを見て「リンゴ」と言えるようになるためには，リンゴを何度も見，触れ，食べて，リンゴは赤くて，丸い，食べると甘酸っぱい，触ると少し堅くて，（包丁で）皮を剥くと，黄色い等々，リンゴを多く経験しなければなりません。さらに，その経験から頭の中にリンゴのイメージを作らなければなりません。イメージを作るには，子どもが今経験していることをお母さんが意識させてあげなければなりません。子どもに「今あなたは○○を見ているのよ，きれいね」とか，「○○を食べているのよ，おいしいね」と言ったり，共感することが大切です。したがって，子どもが一人遊びしていたり，一人勝手に活動しているだけではイメージを作ることはできません。次に，そのイメージと音声記号である「リンゴ」という音が出会います。すなわちイメージと音声との連合です。この過程

が概念化の過程といわれるものです。この過程は，単に音声とイメージとの結びつきのように思われますが，実は，非常に高度の『認知能力』を要する過程です。したがって，知的に遅れのある子どもの場合，この過程がなかなか完了しないのです。ようやく完了した結びつきの結果が，リンゴということばの獲得を意味します。ことばを獲得すると，「リンゴ」という音声を聞いて，リンゴのイメージそして，概念を呼び出せるようになります。この過程が，【ことばの理解】の過程です。また，頭の中に浮かんだ『あれが食べたい』という気持ちから「リンゴ」のイメージと音声を呼び出し，「リンゴ（が食べたい）」と言うことができるようになります。この過程が，【ことばの表出】の過程です。

このように，ことばの獲得にとって重要な頭の中でのさまざまなプロセスを支えているものが〈認知能力〉です。すなわち〈認知能力〉はことばの発達にとって非常に重要な要因のひとつとなっています。

要因3：ことばには，正確に音声を発するよう，構音器官をコントロールする〈運動能力〉が必要です

一般に，話をする際〈運動能力〉を意識して話をしている人はほとんど

いないと思います。話をする過程で，今は舌を，次は唇を，そして呼気をコントロールしているのだと運動能力を意識したり，今日は疲れのせいか舌を上手くコントロールできないとか，発音できない音声があると考える人も少ないはずです。しかし，熱いお茶を飲むのに失敗し，唇に火傷（やけど）をつくったり，口内炎で舌が痛いということがあると，話をするたびに痛い思いをし，話をするのに，これほど唇や舌を動かしていたのかと，意識することができます。しかも，傷口に触れないように話そうとすると，上手に発音できない音があることに気づきます。痛みをこらえて舌や唇を動かして初めて運動能力によるコントロールを意識します。

　先ほどの「マンマ」と「ブーブ」について調べてみると，「マ」と「ブ」は，ともに両唇音といわれる上下２つの唇を使って発する音声です。しかも，この２つの音は，乳幼児の構音の発達を調査したいくつかの研究で，共通して早い時期に発せられる音声であると報告されています。すなわち，他の音声が，舌や呼気を微妙にコントロールしなくてはならないのに対し，両唇音は比較的容易に発声できる音声といえます。したがって，運動能力の面からみても「マンマ」と「ブーブ」は赤ちゃんが初めて話すことばの条件に合うわけです。

　ところで，小学校入学を機に，急に成長を示す子どもや，夏休み明けに真っ黒に日焼けして登校した子どもたちの中に，はっきりとした発音で話せるようになった子どもに出会うことがあります。そのような子どものお母さんに，心当たりがないか尋ねると，入学を機会に徒歩通学となり，毎日ずいぶん歩くようになったとか，夏休み期間中，散歩と外での遊びを心がけた等，〈運動〉をたくさんし，たくましくなったと話すお母さんが多いのです。口唇や舌のコントロールは，微細な身体運動で，手指のコントロールと共通性があると言われてきました。さらに手指は，全身を使った歩く，走る，蹴る，跳ぶ，投げる等の粗大運動と関連して発達します。したがって，粗大運動は口唇や舌のコントロールの基礎ともなっているのです。ですから，たくさん歩き，元気に遊ぶ子どもたちは全身の筋肉が鍛え

られ，身体各部の協応も増し，口唇の微細なコントロールが向上することで，はっきりした発音で話せるようになると考えられます。

このように活発に，そして上手に体を動かすための運動能力は，ことばの発達にとって非常に重要な要因のひとつです。

3 ことばの指導のための3つの場面
── 遊び・生活・課題

ことばの発達を支える3つの要因である対人関係，認知能力，運動能力は，ことばの花を開花させるための肥料とも言えるものです。では，ダウン症の子どもたちのことばの花を咲かせるために，対人関係，認知能力，運動能力の肥料は，どの時期にどの程度，与えたらよいのでしょうか。花の場合も，適切な時期に適量与えなければ枯れてしまいます。早すぎても，遅すぎても，多すぎても，少なすぎても，そして偏った配分で与えても美しい花は咲きません。開花しても，実をつけないこともあります。

花の場合は，ハウスに入れて温度と湿度，そして日照を管理し，成分を前もって調合した混合肥料のかたちで養分を供給すると，育てやすくなります。そうすることで誰が育てても，一定の時期が経つと間違いなく開花させることができるようになります。ところで，ことばにおけるハウスとは何でしょうか。それは，日常生活の生活リズムです。寝る時間，起きる時間，そして食事の時間など，まず基本となる活動は，毎日決められた時間にできるように生活環境を整えることです。では，対人関係，認知能力，運動能力の成分を調合した混合肥料とは何でしょうか。ことばの混合肥料は，〈遊び〉と〈生活〉，そして補足的に〈課題〉学習する場面です。乳幼児期から学齢期の子どもの一日の生活時間を考えると，その半分以上が睡眠，食事，排泄，着脱等のしつけの時間，すなわち〈生活〉の時間です。そして残りの時間が，〈遊び〉の時間です。24時間を〈生活〉と〈遊び〉の2つの活動で色分けすることができます。年齢が長じ，生活に熟達する

と〈生活〉に費やす時間が短くなっていきます。そこで，増えるのは〈遊び〉の時間とわずかの〈課題〉学習の時間です。

　対人関係，認知能力，運動能力の3つの要因が〈遊び〉と〈生活〉にいかに効果的に調合されているのでしょうか。そして，〈遊び〉と〈生活〉がことばの発達にとって有効な混合肥料となっているのかを次に考えてみましょう。

1）〈遊び〉場面：遊びは，ことばの発達を支える3つの要素：対人関係，認知能力，運動能力を全て含んでいます

　乳幼児期から学齢期の子どもが「キャッキャッ」と喜ぶ遊びは何でしょうか。多くの子どもの場合，〈たかいたかい〉をはじめとした『身体の揺らし遊び』です。では，なぜ〈たかいたかい〉が子どもにとって楽しい遊びなのでしょうか。それは〈たかいたかい〉には，ことばの発達を支える3つの要素が全て含まれているからなのです。〈たかいたかい〉は，身体を揺らす運動遊びの一種です。揺れによって子どもは，楽しみながら自分の姿勢をコントロールするのです。したがって，運動能力の要素は，もちろん含まれています。また，揺さぶってくれる相手である，お父さんやお母さんとのスキンシップがあります。さらに，お父さんやお母さんは子どもの反応に応じて優しく，時に激しく揺らしてくれます。すなわち，非常に密度の濃い対人関係である身体や表情を介したコミュニケーションの要素も含まれています。さらに，子どもは自分の身体と，お父さんやお母さんの身体との大きさや感触の違い，そして揺らしに伴う位置関係の変化を実感します。これらの知覚は，最も基本的な認知能力です。このように〈たかいたかい〉には，対人関係，認知能力，運動能力の3要素が含まれています。しかも，遊び相手のお父さんやお母さんが子どもの反応に応じて，楽しさを引き出すように，3つの成分の調合を自由にできるのです。

　一方，乳幼児期から学齢期の子どもにとって，対人関係，認知能力，運動能力の3要素のひとつでも欠くような活動は，〈遊び〉とは言えないも

のと考えてもよいでしょう。

　・テレビについて：幼児期から学齢期のダウン症児をもつお母さん方の一番の心配事は，ことばです。ところが，そのお母さんに「日常どのような遊びをしていますか？」と尋ねると，最近，特に「テレビやビデオを見て遊んでいます」という答えの返ってくることが多くなってきました。なかには「ビデオの操作もひとりでできるのです」とか，「テレビゲームもしています」と自慢気に話すお母さんもいます。

　ところでテレビやビデオを見ることは，はたして遊びなのでしょうか？3つの要因から考えてみましょう。見ているだけの活動には運動能力は含まれません。また，テレビとの間に対人関係はありません。では，認知能力はどうでしょうか。多くのお母さんが「テレビを見て～をおぼえた」とテレビの効能を主張してくれます。しかし，テレビからの情報は目と耳からだけの情報です。視覚情報と聴覚情報を分析・統合し，理解するには小学校中学年程度の言語能力と知的能力が必要であるといわれます。このようにテレビに子守をさせてしまっては3つの要素はひとつもなくなってしまいます。子どもにとってテレビは遊びではなくなります。でも，テレビと上手につき合う方法もあるはずです。テレビを有効に活用するには，ちょうど絵本を読むときの絵本のかわりにテレビを考えてみるとよいでしょう。まずお母さんは，番組を選択することからはじめなければなりません。そして，それを子どもと一緒に見，子どもの反応をたしかめながら，今テレビから流れていることばや活動を繰り返したり，それに解説を加えたりするのです。とすると，番組を見ながら，子どもと一緒にそのような活動ができる番組が，選択したほうがよい番組ということになります。そして番組が終わった後で，印象深かった活動をお母さんと一緒に，実際にやってみるのです。また，おぼえていてほしいことばを日常，繰り返し使っていくことも大切です。このようにみてくると，子どもと一緒に見る番組がいかに少ないか気づきますね。

2）〈生活〉場面：日常生活には食事，排泄，衣服の着脱，お手伝い等の年齢に応じて身につけなくてはならない基本動作が多くあります

　それらのしつけには，ことばの発達を支える3つの要素：対人関係，認知能力，運動能力が全て含まれています。

　衣服の着脱を例に考えてみましょう。衣服の着脱は本来，生理的な欲求にあまり左右されることなく，子どももお母さんも，じっくり，落ちついて取り組める活動です。しかし振り返ってみると，朝は登園時間に，夜は寝る時間にと，いつも追い立てられるように済ませがちであったことに気づきます。〈生活〉をことばを育て，ことばを指導するための有効な場面とするには，まず，生活リズムを整え，一つひとつの活動に十分な時間をかけられる環境づくりからはじめる必要があります。生活に費やす時間を短縮することが唯一，遊びや，将来の課題学習，そして仕事に十分な時間をかけらるれるようになることにつながるのです。しかし，今のまま時間に追われ，お母さんが子どもの着替えを全てやってあげてしまっては，今そのことの時間の短縮にはなり，登園や寝る時間には間に合いますが，将来の自立に向けた本質的な短縮にはむすびつきません。それは，着替えの活動を通して経験できるはずの活動が，お母さんに奪われ，自分の手足で直接経験したものではなくなってしまうからです。すなわち，着替えを通した認知能力や運動能力を育てる経験がなくなってしまうからです。また，対人関係に関しても，本来，人と向かい合い，ことばやもの，そして気持ちのやりとりを経験し，それらを通して育つはずのものです。しかし，お母さんが，嫌がる子どもをむりやり押さえつけて着替えさせたのでは，やりとりはなくなります。また，まったく言いなりの子どもに，服を脱ぎ着させても，そこには，やりとりは生じません。このように，お母さんが着せてしまっては，対人関係すらなくなってしまうのです。

　一方，子どもの発達状態や意欲に応じて衣服の着脱をするとどうなるでしょうか。着ることは「〇〇ちゃん，初めにシャツを着る？　それともズボンからはこうか？」と選択させることから始まります。そこで子どもが，

選択し，着始めたら「ヨイショ，ヨイショ，そう，そこを引っ張って，ガンバレ」と励ましながら，子どもの着る動作を導いていきます。ここまで見ても，この短い過程には，好ましい対人関係があります。また，子どもの着たり，脱いだりする活動そのものは運動能力です。さらに，シャツやズボンを選択したり，選んだ衣服を自分の身体と関係づける認知能力もあります。

　このように〈生活〉をしていく過程には，ことばの発達を支える3つの要素である対人関係，認知能力，運動能力が自然なかたちで含まれているのです。子どもをしつけるとき，対人関係，認知能力，運動能力の3つの要素が，ひとつも欠けずに，全て含まれたかかわりができているか確かめながら進めていくと，いつも効果的なしつけになるでしょう。またそれが，ことばの指導のための大切な〈生活〉の場面となるのです。

3）〈課題〉学習場面：多くのことばのプログラムでは，この〈課題〉学習場面を利用した項目が中心に構成されています

　それは，〈課題〉学習場面がことばの指導において一見非常に効率よく，目的のことば育てができるように見えるからです。特に，認知能力に関する多くの経験は，課題を呈示し，それを解決させる形態が有効です。さらに，繰り返しの練習や，不十分なところの評価にとっても効率的です。対人関係にしても，机をはさんで向かい合うと，ことばやもののやりとりが効率的にできます。さらに運動能力においても，今，その子どもが必要としている運動を抽出して，課題として呈示できた方が，繰り返しその部分だけを練習することができます。しかし，これらは大人が自分を基準にして考えた指導です。ことばは，なによりも子どもの生活や遊びの中で使えるようになることが大切です。身につけたことばを使えることばにするために，本書では，子どもの生活を大切に考えました。日常生活の中に前後関係が曖昧な課題場面を設定することによって，子どもの心には大混乱が生じます。お母さんが急に先生になり，遊び部屋が急に教室に変わってし

まうからです。そこで，日常生活，特に遊び場面と，生活場面だけでも，ことばの基本能力が十分育てられることを示してきました。

　しかし，課題学習場面は，遊びや生活場面だけでは育てきれない大切な能力を育てられる場面なのです。そのもっとも中心が，【学習態度】です。具体的には，当面する課題に集中する力であり，目の前の相手に自ら向かい合っていく力です。特にダウン症の場合，〈気の向かないことは続かない〉，〈集中力，持続力に欠け，すぐあきてしまう〉，〈取りかかりが遅い〉，〈気持ちの切り替えがうまくできない〉等の自己志向性に問題がみられます。また集団の中では，〈クラスの一斉指示だけでは理解できない〉，〈ルールのある遊びに参加できない〉，〈交友関係が広がらない〉，〈友だちよりも教師との関わりを強く求める〉等の問題があります。これらは，【学習態度】を身につけることで，ある程度解決できる問題です。そこで，ことばの発達を支える3つの要素である対人関係，認知能力，運動能力が，ある程度獲得されてからという条件を付けずに，課題学習場面をことばの指導のための場面のひとつと考えました。課題学習場面は，【学習態度】と，3つの要素が共に育つ場面なのです。

4　プログラムの構成

　次の4〜7章で40項目の『ことばの指導プログラム』を紹介します。プログラムの構成は，0歳から学齢期のダウン症児の発達を，1）前言語期，2）幼児前期，3）幼児後期，4）学齢期の4つの時期に区分し，各時期の発達に合った項目を，それぞれ10項目ずつ選択しました。全40項目のプログラム名を表に整理して，紹介します。

　各時期のプログラムは，ことばの指導のための3つの場面，〈遊び〉，〈生活〉，〈課題〉での活動をひとつの柱にして考えています。そして，各場面において，ことばの発達を支える3つの要素である対人関係，認知能力，運動能力と深く関連した項目を1項目ずつ選択しました。したがって，

表3-2　ダウン症児の０歳からのことばの指導：プログラム表

■遊び■	運動	認知	聴覚	対人（社会）
前言語期 （0～1歳）	遊び1 たかいたかい ―揺らし遊び	遊び2 ものの用途に合わせて ―ままごと遊び1		遊び3 スキンシップと いないいないばぁー ―役割遊び1
幼児前期 （2～3歳）	遊び4 体を動かそう1 ―親子遊び	遊び5 みたて遊び ―ままごと遊び2		遊び6 ボール遊び ―役割遊び2
幼児後期 （4～5歳）	遊び7 体を動かそう2 ―動物歩き	遊び8 お母さんごっこ ―ままごと遊び3		遊び9 鬼ごっこ ―役割遊び3
学齢期 （6歳～）	遊び10 音楽に合わせて ―動きの模倣と 　リトミック	遊び11 人形遊び ―くいしん坊怪獣 　パクパク		遊び12 配達ごっこ ―役割遊び4

■生活■				
前言語期 （0～1歳）	生活1 お口を使って1 ―飲む・噛む	生活2 ものの出し・入れと 受け・渡し		生活3 「……（だっこ）」 ―身振りによる要求
幼児前期 （2～3歳）	生活4 お口を使って2 ―上手に飲む・噛む	生活5 お手伝い1 ―「持ってきて」・ 　「おいてきて」		生活6 指さし ―要求のいろいろな 　表現
幼児後期 （4～5歳）	生活7 お口を使って3 ―舌の運動	生活8 お手伝い2 ―場所のことばと 　時間のことば		生活9 「お父さん， 　　ごはんだよ」 ―伝達と報告
学齢期 （6歳～）	生活10 お口を使って4 ―吹く	生活11 お手伝い3 ―3つの用事		生活12 「今日何したの？」 ―過去の報告

■課題■				
前言語期 （0～1歳）	課題1 手指を使った遊び1 ―小粒をつまむ	課題2 かくされたものを探そう	課題3 声を真似よう	課題4 おつむてんてん ―真似っこ1
幼児前期 （2～3歳）	課題5 手指を使った遊び2 ―たたく・積む・通す	課題6 同じもの合わせ ―具体物のマッチング	課題7 絵を見て歌おう	課題8 手遊び歌をしよう ―真似っこ2
幼児後期 （4～5歳）	課題9 手指を使った遊び3 ―お絵かき	課題11 絵カード合わせ	課題10 絵本の読み聞かせ	課題12 動物ごっこ ―真似っこ3
学齢期 （6歳～）	課題13 手指を使った遊び4 ―絵本・図鑑づくり	課題14 ひらがな遊び ―見る・読む	課題15 「この音な～に？」 ―音あて遊び	課題16 「これな～に？」 ―クイズ遊び

各時期には、3つの場面と、3つの要素をかけ合わせた計9項目のプログラムを含むように構成されています。さらに、ダウン症の子どもたちが、ことばを獲得する過程で、特に問題となる〈聞くこと〉の弱さに対応した項目を各時期の課題場面に1項目ずつ加配し、各時期10項目、計40項目のプログラムとしました。また、内容的にみると〈生活〉場面における運動の項目に、ダウン症児のことばにおいて問題とされる構音の練習のための項目を配置しました。

　各プログラムには、〈ねらい〉と、具体的な方法を示す〈内容〉の他に、そのプログラムを展開し、応用する〈展開例〉も紹介します。子どもの様子に合わせてアレンジして、利用してください。

4章 乳児期のことばの指導

1 発達の特徴

1）声や動作で要求する

　あいちゃんは，両親にとって初めての子どもとして2700ｇで生まれました。生後6日目にダウン症の疑いがあると医師から告げられ，さらに生後1ヶ月の頃，染色体検査結果が判明し「トリソミー型ダウン症候群」であると診断されました。両親は深い悲しみと絶望感に陥りましたが，やがて「神がこの子には特別にあたたかい愛情あふれる家庭が必要だと思って私たち夫婦に授けられたのだ，2人でがんばって育てよう」と，決心しました。特に合併症はありませんでしたが，生後6ヶ月頃までは，ミルクの飲み方が悪く，授乳に時間がかかり，やっと飲んだと思うと吐いてしまうなど，お母さんは大変苦労しました。しかし，少しずつミルクの飲み方が上手になり，10ヶ月頃から始めた離乳食もよく食べるようになりました。満1歳の誕生日の体重は，8kg近くになりました。しだいに抵抗力がついて健康になっていますが，呼吸器感染症にかかりやすく，冬の間には，しばしば病院に通いました。首のすわりは5～6ヶ月，おすわりは11ヶ月，床に腹がつかない四つ這いができるようになったのは20ヶ月，歩けるようになったのは2歳の誕生日の頃でした。

　あいちゃんの0歳の頃のことばの発達の特徴をあげると，おとなしく寝てばかりいて，泣きや発声で意思を伝えることは少なく，おなかがすいて

も泣かないし，昼寝から目覚めてもひとりぼんやりしていました。また，「あーあー」と声を出してお母さんを呼ぶことも少なかったのです。

　あいちゃんだけでなく，ダウン症の赤ちゃんは，自分から人とかかわりあうためのサインの出し方が少なく，このため親の側からの赤ちゃんに対する働きかけも少なくなる傾向があります。健常児では，うるさいくらいに泣きわめくので，親は幾度も抱き上げてあやしたり，「どうしたの？」と声をかけたり，体を揺すってやったりします。親からかまわれると，今度は赤ちゃんの方からキャッキャッと笑い声を出すというように，親から子へ，子から親へと，親子の相互の関係がつくられ，これがことばを育てる基本となるのです。ダウン症の赤ちゃんを育てる際には，サインの少ない赤ちゃんから少しでも泣きや発声を引き出すために，親の方から働きかけてあげることが大切です。ぼんやりしているときには，抱いて揺らしたり，歌を歌ってあげたり，頬ずりして話しかけてみます。だっこしてあげるたびに，「だっこよ」と声を伴わせながら，赤ちゃんの両手を持って抱いてやると，しだいに赤ちゃんの方からだっこしてほしいときには，両手を伸ばして要求するようになります。

　あいちゃんは，声を出すことも少なく，あまり泣くこともなく，おとなしい子どもでしたのでおかあさんは家事をしていても中断されることはありませんでした。けれども，あやすとにこっと笑い，嬉しそうな表情をするあいちゃんを見て，お母さんは「たかいたかい」をしたり，くすぐったり，歌を歌ったりしました。しだいに「もっと揺らして」「もっと抱いて」という要求を「んーんー」と声に出すようになりました。いないいないばぁー遊びをすると，キャッキャッといって喜ぶようになりました。このころから，「あうあう」とお話するようになり，生後1歳を過ぎると，「だだ」という声も出始めました。また，お母さんを呼ぶときには，「おーおー」と声を出し始めました。

　最初，あいちゃんの反応がなくてがっかりしていたお父さんとお母さんも，あいちゃんをあやすことが楽しくなってきて，親子で楽しく過ごすこ

とが多くなってきました。

やがて，這い這いで自由に移動できるようになったあいちゃんは，カーテンの後ろに隠れたり，テレビのスイッチをさわったり，お母さんのいる台所へ移動したり，活動範囲が広がり動作が活発になりました。それにつれて発声も多くなり，飲み物を与えるとき「ブーあげようね？」と，お母さんが言うと，「ブー」を模倣するようになりました。もうすぐ，あいちゃんから，飲み物がほしくなると「ブー」と言って，要求することばになっていくでしょう。

2）唇・舌・口腔の動きをよくしよう

あいちゃんは，声を出す回数は多くなりましたが，発声の種類は少なく，ほとんどの音が「あー」「おー」が多く，口の動きや唇の動きが少ないため，「まま」「ぱぱ」などはあまりでません。口を開けて舌を出していることが多く，唇を閉じて飲み込むことができません。コップで水分を飲ませてみると，舌がだらりと出ていてコップの上に舌を当てて流し込むような飲み方をしています。唇が全く使われていません。また，呼吸は，鼻からではなく口で呼吸する癖がありました。唇は乾いて荒れています。

あいちゃんが生まれたとき，お母さんは母乳で育てようと決心していましたが，あいちゃんの乳を吸う力が弱く母乳の出方も少なかったため，哺乳ビンによる人工栄養に切り替えたということです。それでもあいちゃんは，ミルクを吸う力が弱く唇からタラタラとミルクが流れ出ることもありました。その後，離乳食をはじめましたが，そのころから食欲がでてきてよく食べるようになりました。しかし，唇，舌の動きは不十分で，食べ物を噛んで唇を閉じてゴクンと飲み込むことはなかなかできなかったのです。

離乳食のすすめ方は，焦らずにゆっくりすすめ，一つひとつの舌や唇の動きを育てるつもりで，着実に進めることが大切です。その過程を経ないでいくと，年齢が大きくなった後，噛むことができず食べ物を丸飲みしてしまったり，舌をだらりと口から出したままコップから水を飲む習慣がつ

いてしまいます。また，毎日，口のまわりの筋肉や頬，舌の動きの練習を行うことも大切です。あいちゃんも，唇や舌の動きが少しずつ改善されているようです。

3）声やことばを聞こうとする

　あいちゃんは，生後6ヶ月までは音や声に対する反応がはっきりせず，親は耳の聞こえが悪いのではないかと心配していました。しかし，見えないところから声をかけると，今まで動いていた手足の動きが止まるので，聞こえているのは確かでした。そして，8ヶ月近くになって，後ろから鳴らしたベルの音に振り向くようになりました。また，「あいちゃん」と呼びかけると，後ろを振り向くようにもなりました。聴覚障害はないようです。このころから，お母さんが歌う歌や繰り返しのことばを楽しんで聞くようになりました。やがて，声を聞くだけで，その声がお母さんの声だとわかってニコニコするようになりました。

　1歳8ヶ月過ぎるころから，ことばの意味がほんのわずかながらわかるようになり，「パパは？」というと，パパの方を見ます。「パパ」ということばとお父さんが結びついたのは，おそらくお母さんが，お父さんを「パパ」といつも呼びかけていたからでしょう。また，パパにだっこしてもらうとき，「パパ」「だっこ」ということばを必ず伴わせると，「パパ」「だっこ」の意味がわかってきます。このように，食事をとりながら「おいしい」と言い，散歩中に犬にわんわんと吠えられたときに「ワンワンだよ」というように生活のさまざまな経験の中から実際に行っている動作や見ているものの名前，驚きなどの感情を保育者がことばにして言うことが大切です。そうした積み重ねからことばの意味がわかるようになるのです。特に，ダウン症の子どもには，はっきりとやや大きめの声で話しかけてあげましょう。

　2歳近くになったあいちゃんは，お母さんの言う「だめよ」「おふろよ」「お外行こう」など簡単なことばの意味が少しずつわかってきたようです。

ことばの意味がわかることは，ことばをしゃべることができる前提となるのです。

　2歳の誕生日が間近いあいちゃんは，絵本をめくって知っているものの絵を人差し指で指します。ボールを転がすと返したり，お人形と「ねんね」したり，ほしいものを指さして要求するようになりました。あいちゃんの前言語期のコミュニケーションの発達は，標準より遅れていますが着実に発達していると言えるでしょう。

2　指導プログラム

遊び 1　たかいたかい──揺らし遊び

●ねらい

　子どもを優しく抱いてゆっくりと揺らしたり,「たかいたかい」をしましょう。お母さんのお腹に子どもを乗せて揺らすなどの遊びは親子共に「楽しい」という感情を感じることができます。子どもは,「キャッキャッ」と声を出して笑い,楽しいという感情を顔の表情で表すことができます。また,体を揺らされることで子どもの感覚運動機能を促すこともできます。

■内　容

　抱いて歌を歌いながらゆっくりと揺らしてやりましょう。子どもが怖がらない範囲で少しずつ大きく体を動かす遊びへともっていきます。

◆展開例

　この遊びは0〜1歳児だけでなく2歳以上の子どもにも大切な遊びです。大人が2人いれば大きなシーツに子どもを入れ両端をしっかり持ってゆっくりと揺らして遊ぶのもよいでしょう。

4章 乳児期のことばの指導　49

遊び 2　ものの用途に合わせて——ままごと遊び1

●ねらい

　幼児期のことばの発達はままごとのようなふり遊び（象徴遊び）と深くかかわっています。ままごとを通して象徴機能を育てます。

　このもっとも初期のふり遊びは，健常児では生後12ヶ月ごろからみられる遊びで，子ども自身がコップなどの実物に似ている玩具を模倣的に使用して遊ぶものです。このふり遊びは年齢とともにしだいに複雑な遊びへと発展していきます。

■内　容

　コップから飲むふりをしてみましょう。ままごとのコップをお母さんが飲むふりをして「ああ，おいしい」と言います。

　スプーンで食べる，櫛で髪の毛をとかす，などのふり遊びもやってみましょう。

◆展開例

　このままごと遊びは，遊び5，遊び8，遊び11へと発展します。

遊び 3　スキンシップといないいないばぁー─役割遊び1

●ねらい

　子どもの体をなでたりしながら話しかけてあげると，子どもの心にお母さんと遊ぶと楽しいという感情が芽生えてきます。また，聴覚（お母さんの声），視覚（お母さんの顔），触覚（なでられる皮膚感覚）の複合された感覚刺激を与えることができます。また，楽しいことを「もっとやって欲しい」という要求を出すことにもつながります。

■内　容

　▶おむつを取り替えるときに呼びかけながら赤ちゃんのお腹にキスしたり「ブブ…」と吹いてあげたりします。だっこして揺すったり，頬にキスしたり，さまざまなやり方で赤ちゃんをかわいがってあげましょう。

　▶いないいないばぁー遊びは，たいへん楽しい遊びです。

　(1) まだおすわりができない頃には赤ちゃんを仰向けにねかせ布で赤ちゃんの顔を覆います。両手が正中線（体のまん中の線）によってきて両手で布をとろうとしますがまだとれません。そこで「いないいないばぁー」といいながら布を取り除いてやります。

　(2) 赤ちゃんがおすわりができるようになった頃（座れなければ抱いていてもよい），ハンカチを頭にかけてやります。両手で布を自分でとろうとし，ついには取り除くことができますので，その時にはお母さんの顔を見せてやったり体をくすぐったりします。そのたびに「いないいないばぁー」と大げさに言ってやるととても喜びます。この時期のいないいないばぁーは，繰り返し行うことが楽しいのです。幾度もやってあげましょう。もし，ひとりでハンカチを取り除くことができないときには「いないいないばぁー」と言いながらパッとお母さんが取り除いてやります。

　役割を交代しお母さんの頭に布をかぶせて「いないいないばぁー」の合図で子どもが布を取り除くこともやってみましょう。

生活 1　お口を使って1——飲む・噛む

●ねらい

　ことばの発声のしかたは，舌や唇の動き，呼吸のしかたなどと関係があります。母乳，ミルクを飲むこと，離乳食を与えることを通して口唇や舌の動きをしっかりしたものにしましょう。

■内　容

　▶離乳前期　健常児では首がすわってしっかりした頃，つまり生後4～5ヶ月頃から離乳を始めることが多いようですが，ダウン症児では若干遅れて始めることになります。口の中にいれたものをチューチュー吸う反射や歯茎にものが当たると強い力で噛みこまれる反射がなくなってから離乳を始めましょう。

　ドロドロしたもの，ついでマッシュポテトのような裏ごししたものを食べさせるときには，スプーンの前方に食べものを乗せスプーンを下唇の上に乗せます。食べものを取り込んだら舌の前後の動きによりしだいに後ろの方へ食べものを移動させ，口を閉じてゴクンと飲み込ませることが大切です。

　▶離乳中期　形のある食べものを舌と歯茎ですりつぶし，唇を閉じて飲み込むことができるようにするのがこの時期の目標です。舌の動きを十分練習させるために，舌を使って押しつぶせるくらいのかたさで，少し粘りけのある食べものを用意します。

　特にダウン症児の場合，食べものを取り込むとき舌をべろりと出しているために舌の奥の方に食べものをおいてしまい，上唇を閉じて舌で押しつぶしたりすることなく丸のみしてしまうことが多いようです。ここで丸のみの習慣をつけてしまうと次の段階のそしゃくができなくなるため，噛むことができなくなります。したがって，スプーンの前方に食べものを乗せてスプーンを下唇の上に乗せ，赤ちゃんが自分で上唇をつかって食べものを取り込むようにしましょう。

▶離乳後期　この時期は上下の歯茎で食べものをすりつぶして食べるようになります。舌の動きも口の中で左右など自由に動かせるようになります。またこの頃には前歯がはえますので，噛みきることもできるようになります。食べものをすりつぶす動きのできない場合には，スルメなどを用いて歯茎でのすり合わせを学ばせましょう。

　また，水分をコップから飲むように練習しましょう。この時も出している舌の上にコップの端を乗せないようにしましょう。舌が出ていないときにコップの端を唇に当てるようにします。まだ上手に飲めませんが，唇をすぼめて水を少しずつ入れられるようになります。

　ダウン症児では，舌の動き，唇の動き，頬の筋肉の動きなどが不十分です。健常児と同じペースでやろうとすると「丸のみ」のくせがついてしまいます。離乳は急ぎすぎないで一つひとつゆっくりとすすめた方が，これらの動きを着実に形成することができます。保健師さん，障害児に詳しい歯科医師等に相談しながらすすめるとよいでしょう。

生活 2　ものの出し・入れと受け・渡し

●ねらい

　赤ちゃんが，ものを「もらう・渡す」ということは，人とのコミュニケーションの基本です。おもちゃを見せるとおもちゃに注目して手を伸ばしてとりますが，少し成長するとおもちゃを見た後にだれがくれたのだろうかと渡し手の顔を見るようになります。初めての人からおもちゃをとろうとせず警戒し，お母さんが促すと安心して手を伸ばします。健常児では1歳3ヶ月頃になると「どうぞ」と言って渡すおもちゃをとり，また，「ちょうだい」と言うとそれをくれるようになります。

　このようなものを介したやりとりは，子どもと大人から，子どもと子どもへと広がり，コミュニケーションの基礎を育てます。

■内　容

　おもちゃを子どもの前にみせて「はい，どうぞ」といって渡して遊ばせます。また，遊びのときなどに子どもが持っているものを「ちょうだい」と言ってもらいましょう。この時，せっかく楽しく遊んでいるものを取り上げることにならないよう注意しましょう。

　お母さんが洗濯ものを干しているときなど，洗濯ばさみを子どもから渡してもらうなどの「お手伝い」や，食べ終えた食器を渡してもらうなどのお手伝いのような形もよいでしょう。

◆展開例

　手渡しでものを入れる・出す：かごに洗濯ばさみを「入れて」と言っていっしょに入れたり，「出してね」と言いながら容器からものを出させます。次に，ひとつずつ洗濯ばさみを子どもへ手渡しかごに入れさせます。また，「ちょうだい」と言ってひとつずつ洗濯ばさみを子どもがかごから取り出しお母さんに手渡しするようにします。

生活 3 「……（だっこ）」——身振りによる要求

●ねらい

　子どもをよく観察しているとなんらかの要求を出しています。乳児期前半はアーンアーンと泣くことによって「お腹がすいた」「暑くて不愉快だ」「お母さんきて」「抱いて」などの要求を表します。やがて声や身振りで自分の要求を表すようになります。たとえば，だっこして欲しいときには「あーあー」といってお母さんを呼んで手を差し出します。このようなときには必ず子どもの要求に応えてあげましょう。ほうっておくと要求してもお母さんから反応がないとあきらめて，それ以後要求を示さないようになります。

　身振りで要求する例としては，だっこのときは手を差し出す，拒否のときは首を振る，遠くにあるおもちゃを欲しがり手を伸ばすなどです。

　要求が非常に少ない場合，知的な障害のほかに，聴力，視力の障害がある場合もあるので留意することが大切です。

■内　容

　子どもが親の顔を見て「あーあー」と言うとき，「だっこして欲しいの？」と言い子どもに手を出すことを教えます。また，手をボールの方へ出しているのをすばやくとらえて「どうしたのボールが欲しいの？」と言いながら，ボールの方へ手を伸ばしてみせます。

　2歳に近くなったら「ちょうだい」の動作で要求することを教えてみましょう。子どもが持っているものをちょうだいの動作で要求しお母さんがモデルを示します。ものをくれたら「ありがとう」と言ってほめてやります。子どもが欲しいものを要求したときに子どもにちょうだいの動作を教えてから欲しがるものを与えます。このように日常生活のさまざまな場面をとらえてお母さんがモデルを示し，子どもに教えてみましょう。

課題 1　手指を使った遊び1——小粒をつまむ

●ねらい

　赤ちゃんが小粒を見て手を伸ばしつかむようになるのは健常児では生後4ヶ月頃です。この頃はまだ末梢(まっしょう)の手指の動きは発達していないので、掌で丸め込むようにとろうとし、手指でつまむことはできません。しかし、しだいに手指の動きが発達し生後10ヶ月頃になるとボーロくらいの大きさの小粒を手指を使ってつまみます。手指の動きは、直接ことばの発達と関係ないように思えますが、脳の神経系の発達を促すために必要な経験です。

　ダウン症児では、手指の発達はやや遅れますが、生活の中で小さなものをつまむことを経験することによって可能となるでしょう。

　目でものをしっかり見て指でつまむという動作は、注意を集中することが必要ですので、子どもが落ち着いてものをしっかり見るという行動も促すことができます。

■内　容

　小粒を子どもの前におき子どもがつまむように促します。粒が小さいものやつるつるしたものはつまみにくいので、はじめはボーロくらいの大きさのもので赤や黄色などはっきりした色でつまみやすいものを選びます。子どもの注意が小粒に集中しない場合には、鈴のような音の出るものを使用するのもよいでしょう（食べられないものを口にいれないように注意してください）。

　最初のうちは、掌や5本の指を全部用いてとろうとしますが、しだいに親指、人さし指、中指の3本でつまむようになり、最後には親指と人さし指でピンセットのようにつまむようになります。

◆展開例

　小粒を瓶やパック容器に入れる遊び：小粒（ぼたん、豆、ビー玉など）を口の小さな容器（ペットボトルなど）に入れましょう。

課題 2　かくされたものを探そう

●ねらい

　赤ちゃんが，しっかりものを見つめることができるようになると，動くものを目で追うようになります。そして，見つめていたものが目の前からかくされ見えなくなってもものを探そうとします。

■内　容

　(1) テーブルに座り，おもちゃを子どもに与え遊ばせます。しばらく遊ばせた後，子どもが見ている前でおもちゃをテーブルの端から下へ落とします。子どもがテーブルの下を見ておもちゃを探すように下で音をたてたりしましょう。

　(2) テーブルに座り，子どもが見ている前で赤いボールを端から端へ転がし，動いているボールを目で追わせます。次に途中についたてをおき，ボールが転がる途中の様子を目で追えないようにします。ついたてで見えなくなってもついたての出口の方に目を向け，ボールが出てくるのを待っているようにします。音の出る自動車や鈴入りのボールなど使ってみましょう。

　(3) テーブルに座り，おもちゃを子どもに与え遊ばせます。しばらく遊ばせた後，子どもが見ている前でおもちゃに白い布をかぶせます。子どもが布をとっておもちゃをとるようにしましょう。

　もし，子どもがものがなくなったことに気づかず，探さないようであれば，白い布の下から一部が見えるようにかくしてみましょう。また，布の下にかくされても音がなり続けるようなおもちゃを使ってもよいでしょう。

課題 3　声を真似よう

●ねらい

　お母さんの発した声やことばを模倣することは、ことばの獲得にとって非常に大切なことです。

　赤ちゃんは機嫌のよいとき「あーうー」とおしゃべりを始めます。このときお母さんが「あいちゃん、お話しているの、『あーうー』なの……」等と応じてやると、赤ちゃんはさらに「あーあー」と声を出してくれます。これは、コミュニケーションの第一歩です。声をやりとりすることによって人と人との関係ができていることになります。このようなやりとりの中から赤ちゃんはお母さんの発した声を真似るようになり、いままで発しなかった「だだだ」「ばばば」「ぱぱぱ」「まままま」という声を出したり、しだいに複雑な声を出すようになります。

　さらに発達が進むとある特定の事物に対してお母さんが発する音声を模倣するようになります。やがてそれが事物の名称であることに気づき、自分からも要求や感動した際に言えるようになります。たとえば、犬と遊ぶたびにお母さんが「ワンワンね」と言い、子どもも「ワーワ」と模倣します。やがて犬を見つけたとき、自分からその感動を「ワーワー」と言いながら指し示してくれたりするようになるのです。

■内　容

　だっこすると親の顔と子どもの顔の距離が20～30cmとなり、お互いの顔がよく見え、声もよく聞こえます。だっこして歌を歌ってあげたりお話をしてあげましょう。その際、子どもの目を見つめながら声かけすること、やや高めの声で、繰り返しのある、リズムのある声かけやイントネーションをはっきりさせることなどがよいでしょう。しかし、実際にはごく自然な愛情のこもった働きかけでいいのです。

　一方的に話しかけるのではなく、子どもが「あーあー」と声を出したら、お母さんも「あーあー」と模倣してください。ダウン症児の場合、特に声

を出すことが少ないので，子どもが発する声をよく聞いてやりお母さんが模倣してやることが大切です。

◆展開例

毎日の生活の中では自然な話しかけでよいのですが，次のように発展させてみましょう。

(1) 母音（あ，う，え）は出ているが，子音（ま，ぱ，ば，だ，など）が出ていない場合，子音の含まれる歌や声かけをしてやりましょう。「ぽっぽっぽ」の童謡や「ぱくぱくぱく」「いないいないばぁー」など楽しい雰囲気でやりましょう。

(2) 擬音や動物の声の真似っこ遊び

さまざまな声が出るようになったら，「ばんばん」「とんとん」「ぶーぶー」「ざーざー」「わんわん」「にゃーにゃー」などの擬音や動物の声を，毎日の生活のなかで実際の経験に合わせていっぱい使ってやりましょう。

課題 4　おつむてんてん——真似っこ1

●ねらい

「おつむてんてん」「アワワワ……」などの模倣は，日本の育児の伝統でもあり，おばあちゃんが赤ちゃんに教える「芸」のひとつです。これは，2人が向かい合って相手を見ながら楽しく遊び，コミュニケーションするものです。これらの遊びを通して自然にコミュニケーションの力を育てることができます。しかも，動作とともに「ことば」を伴いますから，動作とことばを結びつける遊びともいえます。最初は，ことばだけでは意味がわからず遊べません。毎日繰り返し続けるうちに，しだいに「アワワ……」「ばんざい」ということばだけで動作を行うようになります。このようにして楽しい遊びのなかからことばの意味を理解し動作を模倣することを学ぶことができます。

■内　容

「おつむてんてん」「しゃんしゃん（ちょちちょち）」「アワワ……」などの遊びです。子どもの表情をお母さんも楽しみながら，どの遊びが大好きかみつけてみましょう。地域によっていろいろな遊びがあります。近所の方から教えてもらってレパートリーを増やしてください。

◆展開例

生活のなかでのあいさつ「バイバイ」「ありがとう」などの動作を教えてあげましょう。

第5章 2〜3歳児のことばの指導

1 発達の特徴——幼児前期の様子と課題

1）ことばの理解のひろがり

　お母さんは，最近あいちゃんのものわかりが良くなってきたと感じています。たとえば，お母さんが出かけるときに使うバックを取り出すと，自分も玄関に行って靴をはこうとします。また，散歩から帰ってきて自分の家が近くなると，「あーあー」といって「あいちゃんの家だよ」と教えてくれます。あいちゃんが指導を受けている通園施設で，大声で泣き始めた友だちの頭をなでてあげているところを見かけました。このように，決まった場面や状況をずいぶん理解し，それにあわせて行動できるようになりました。

　お母さんやまわりの人が言ったことばもわかるようになってきました。「ごはんよ」「お外行こうね」「おふろよ」などの日常生活で使っていることばを理解するようになってきたようです。たとえば「ごはんよ」と言うと食卓についたりします。また，「あいちゃんこれ捨ててきて」と頼むと，喜んで捨ててきてくれます。

　このようにこの時期には，場面や状況がわかり，わかることばも増えていきます。このようにわかることばが増えていくこと，つまりことばの理解の広がりは何に支えられているのでしょうか。

まず，歩くことにより認識の世界が広がることです。歩き始めたあいちゃんは，散歩が日課のひとつになりました。はじめの1，2歩から長く歩けるようになるまでに時間がかかったあいちゃんですが，今では散歩が好きになりました。お母さんと手をつないで歩道の一段高くなったところを歩いてみる。通り道の犬をのぞきに行く。塀に触ってみる。側溝のふたの上にしゃがみ込んで，小石をつまみふたにあいている穴から落としてみる。お母さんが行こうと言っても夢中になって落としています。このように道草だらけの散歩の中で，「なんだろう」と近づいていき，見たり，触ったり，よじ登ったり，指先でつまんだりと十分に探索することがあいちゃんの認識の世界を広げ，これがあいちゃんのことばの理解の広がりを支えているのです。

　次に遊びが広がったり，イタズラが増えることです。あいちゃんが絵本をもってきたのでお母さんが読もうとすると，あいちゃんはどんどんページをめくり始めました。絵本を読んでもらうよりページをめくることのほうがおもしろいようです。引き出しのすき間からしまってある洋服を次々に引っぱり出しています。ペンを持って床の上や紙の上にたたきつけて点を書いたり，線を書いたりしています。親指と人さし指で上手につまんで障子をビリビリやぶいています。このようなイタズラは，あいちゃんの探索行動のひとつであり，手先が器用になり上手にものを扱えるようになったからにほかなりません。

　遊びも広がってきました。おもちゃのカップをもって飲むふりをしています。スプーンをお母さんの口に押しつけます。あいちゃんは自分が食べさせてもらっている姿をイメージして，お母さんに食べさせているつもりのようです。また，お母さんと一緒に簡単なごっこ遊びをするようになり，その中でお母さんと簡単なやりとりができるようになりました。あいちゃんが「あー」といって差し出したコップをお母さんが受け取って飲みます。「あー，おいしかった」とあいちゃんに返すとあいちゃんも飲む真似をします。このようにあいちゃんとお母さんが同じイメージをもってや

りとりできるようになりました。また，こうした遊びをする中でイメージする力も育っていきます。こうした「イメージ」する力が育つことや，「やりとり」ができることはことばの大切な基礎となります。

　さらに，自我が芽生え，拡大していくこともこの時期の子どもの姿です。たとえばあいちゃんは身の回りのことを自分でしたがるようになってきました。自分でスプーンを持ちすくって食べようとしたり，衣服を着るときに手を伸ばすなどの協力をしたり，ひとりでズボンを脱ぎたがったりするようになりました。まだ上手に身の回りのことができないあいちゃんにお母さんが手を貸そうとすると「いや」と拒否します。また，どうしても自分の要求を通そうとしてひっくり返ってだだをこね，お母さんを困らせることもあります。これはお母さんにとっては困った行動ですが，あいちゃんの中に自我が芽生えてきたからみられることです。こうした自我の発達もことばの基礎となりますから，発達のひとつの過程であり，ずっと続くものではないので見通しをもって対応してあげましょう。できた，できないという結果よりも自分でやりたいという気持ちを認めてあげることが大切でしょう。

　あいちゃんのことばの理解は，このような豊かな体験と，日々くりかえされる生活の中で生まれてくるのです。歩くこと，遊ぶこと，自我が発達することなどさまざまな面を育てることが，ことばを育てることにつながるのです。

2）ことばの前のことばによる表現の広がり

　お母さんはあいちゃんとのコミュニケーションが以前よりスムーズになったという手ごたえを感じています。ことばの前のことばとは，動作や発声，表情などでことばがでる前からみられます。たとえば指さしはこの代表的な表現です。あいちゃんはことばの前のことばを使って，よりはっきりと自分の気持ちを伝えてきます。

　お母さんを冷蔵庫の前に引っ張っていって「あーあー」と扉を開ける動

作をしながらお母さんの顔を見つめます。「あーあー」といってお母さんに鉛筆を差し出します。「あーあー」とお父さんの手を引っ張ります。あいちゃんのこのような動作や発声に対して、お父さんやお母さんはそのたびに意味を読み取って「ゼリーはおやつに食べようね」「ワンワン描いて欲しいの？」「たかいたかいやりたいの」などと応えてあげています。あいちゃんも自分の要求が伝わり満足そうです。さらにいろいろな表現で話しかけてきます。

　動作の代表ともいえる指さしがみられるようになるのもこの頃です。あいちゃんがお母さんの顔を見て「あーあー」と言いながら手を伸ばしています。あいちゃんの手が示す方を見ると犬がいます。「お母さん、犬だよ、見て」と教えているようです。また、棚の上を指さして「あーあー」と言いながらお母さんの顔を見ています。これは「棚の上にあるぬいぐるみを取って」と要求しているのです。このようにあいちゃんは指さしで何かを知らせたり、要求したり、応えたりしています。

　指さしをはじめとした動作や発声を使って要求や気持ちを伝えることは、ことばにつながっていきます。ダウン症の子どもは動作や発声が少なくなかなか要求を伝えられなかったりしますから、この時期は動作や発声といったことばの前のことばを使って、たくさん表現させましょう。たくさん表現させるためには、大人が子どもの動作から子どもの気持ちを読み取り、「そう、○○したの」などと応えてあげることが大切です。また、大好きなお母さんやお父さんだからこそ伝えたいのですから、日頃から遊びを通して豊かな人間関係をつくり、大好きなお父さんお母さんに聞いて欲しいという子どもの伝えたい気持ちを育ててあげましょう。

　あるお母さんは、たくさん話しかけなくてはと思うあまり、まるでテレビの実況中継のように子どもに話しかけたり、子どもの行動をことばにしていました。子どもに対して話しかけても、子どもの気持ちを無視して話しかけ続けたのでは、せっかくのことばも子どもにとってはただの騒音です。お母さんの一生懸命な気持ちはわかりますが、子どもの気持ちを読み

取ってそれに対する応えであったり，いっしょに見たり感動したりするなど，共通の体験に基づいた話しかけが必要でしょう。また，ダウン症の子どもは自分から先に働きかけることが少ないので，特に子どもからの表現は受けとめ，応えてあげましょう。

3）はじめてのことば

　あいちゃんは2歳で，はじめて意味のあることばが出てきました。「ごはん」のことを「マンマ」と言うようになったのです。しかし，あいちゃんの「マンマ」にはいろいろな意味があります。「お母さん，ごはんがあるよ」「ごはんを食べたい」「お菓子をちょうだい」「大好きなたまご焼きがあるよ」などです。お母さんはそのたびに，「マンマ」の意味を解釈して応えてあげています。この時期はこのようにひとつのことばをいろいろな意味に使うことが特徴ですし，大切なことなのです。

　この時期「わかることばは多いのに，なかなかことばが増えない」といった悩みをよく聞きます。実際ダウン症の子どもはことばが出るまでに時間がかかりますし，話しことばが2，3語という時期が長く続きます。しかし，よく言われるように，話せることばは氷山の一角なのです。つまりひとつの「話しことば」は多くの「ことばの理解」によって支えられているのです。たとえば「いぬ」と言えるようになるまでには，犬は「ワンワン」と吠える，足が4本ある，しっぽがある，近所のおばさんが連れて散歩している，触るとふわふわして温かい，白い犬も茶色の犬もいる，大きい犬も小さい犬もいる……など，犬に関する体験に支えられた，たくさんの犬についての「理解」が必要なのです。ですからなかなかことばが出ないと焦らずに，子どもが内面にことばの理解を貯めているのだと考え，多くの働きかけをしてあげましょう。

2 指導プログラム

遊び 4　体を動かそう1——親子遊び

●ねらい

　お母さんと十分に体を動かして遊べることがねらいです。お母さんやお父さんといっしょに体を動かして遊ぶことにより,「楽しい」という気持ちを味わいましょう。また,体を動かす中でことばを理解したり,コミュニケーションができます。

■内　容

　お母さんと十分に体を動かして遊びましょう。シーソー,ふとんの上をころがる,お母さんの体をよじ登る,お母さんがつくったトンネルをくぐる,子どもをタオルケットや毛布に乗せて両端を持って揺らす,お母さんの足に子どもを乗せるなどごく簡単な遊びで十分です。体を動かして遊ぶことを通して,「次は○○ちゃんの番だね」「もう1回」などのことばの理解も含めた楽しいコミュニケーションができます。また,お母さんといっしょに「楽しい」という気持ちを十分に味わうことも大切です。

　なお,子どもの体調や運動能力に合わせて無理せずに行いましょう。ダウン症児の中には環軸関節形成不全がある場合がありますので,特に首に負担がかかる激しい体操は避けた方がよいでしょう。

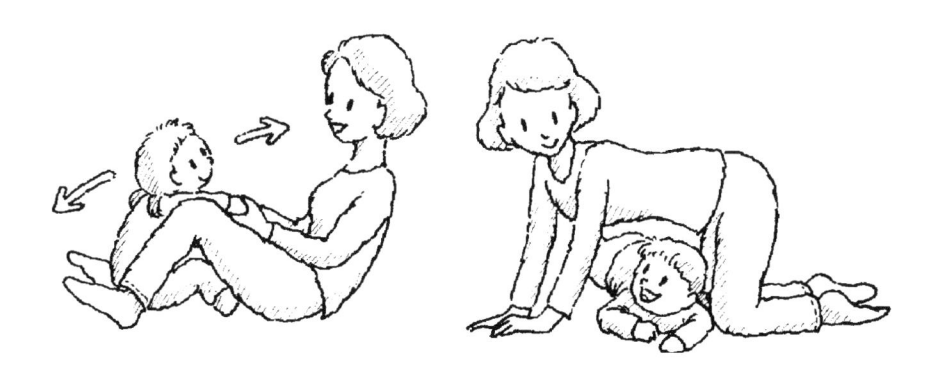

遊び 5　みたて遊び──ままごと遊び2

●ねらい

　「車を走らせる」「人形に食べさせる」「人形を寝かせる」などの，簡単な動作を人形でしましょう。このねらいのひとつめは，ことばの理解です。「人形に食べさせてごらん」とお母さんがことばで言っただけでそのことばを理解して，動作ができるようになることです。ねらいのふたつめは，簡単なみたてをすることです。人形に食べさせるふりをする，寝かせるふりをするなどの簡単なみたては，ことばの基礎となるイメージを育てます。

■内　容

　▶ミニカーを走らせて遊びましょう。お母さんがおもちゃの車を「ブッブー」と言いながら走らせてみせましょう。次に子どもに車を与え，走らせるように励ましましょう。うまく走らせられなければ，子どもに手を添えていっしょに走らせてあげましょう。ミニカーを走らせて遊ぶようになったら，今度は積木を車にみたてて，ミニカーのときと同じように走らせてみましょう。こちらのほうがより多くのイメージを必要とします。ただの積木を頭の中では車にみたてなくてはなりませんから少し難しいでしょうが挑戦してみましょう。

　▶人形，ハンカチ，スプーン，カップなどを用意します。「お人形にお水を飲ませてあげようね」と言いながら，カップで人形に飲ませてあげましょう。次に，子どもに人形とカップを手渡し，人形に飲ませるように誘いましょう。上手にできなければ，手を添えていっしょにやってあげましょう。この他にも，「寝かせる」「座らせる」「食べさせる」など日常行っているいろいろな動作をさせてみましょう。

◆展開例

　一つひとつの動作ができるようになったら，「ごはんをつくる」等の身近な活動をしてみましょう。たとえば，鍋で煮て→かき回して→皿に盛って→食べるといった活動であれば，子どももなじみやすいでしょう。

遊び 6　ボール遊び——役割遊び2

●ねらい

　お母さんとボールのやりとりができることがねらいです。ボール遊びにはボールを投げられるという運動面での発達も期待されますが，投げる－受け取るという役割を親子で順番に交代することや，子どもとお母さんとの間でボール（もの）を共有して遊ぶことが，ことばの前の段階として大切です。

■内　容

　「○○ちゃんボールいくよ」と言って，子どもの注意を向けさせてからボールを転がします。最初は，子どもから50cmくらい離れたところからボールを転がしてみましょう。子どもがひとりで投げ返せないようでしたら，お父さんが子どもの後ろでボールを受けとったり転がすのを援助してあげると楽しい雰囲気でできるでしょう。また，上手に投げ返せるようになったら，少しずつ離れてやってみましょう。

　以下にお母さんと子どものボールのやりとりの様子を示します。

〈子ども〉	〈母親〉
	「ちょうだい」
ボールを転がす	
	「うーん，すごいすごい」とボールを転がし返す
受け取る	
	（子どもが投げないので）「ちょうだい，ちょうだい」と手をたたく
「あっはーあー」と母親にボールを転がす	
	受け取り，「あ，ごろごろごろ」と転がす

「あっ，あーあ」とニコニコと
笑ってボールを抱え込む

　　　　　　　　　　「ちょうだい，ちょうだい」と誘う

ボールを少しそれた方へ転がす

　　　　　　　　　　「あれっ，きた，ゴロゴロ」
　　　　：　　　　　　　　　　：

　この子どもはまだことばが出ていませんし，ボールも必ずしもお母さんの方へ転がせなかったり，ときどき返せずに自分でボールを抱え込んでしまっているようです。しかし，お母さんが「ちょうだい」と言いながら手を伸ばして転がすように誘ったり，投げ返せたら大げさにほめたりと上手な誘いかけをしているので，ボールのやりとりが何回か続いています。子どもも発声をしたりして，お母さんとコミュニケーションをしています。

◆展開例

　お母さんと2人でできるようになったら，参加者を増やしてやってみましょう。たとえばお母さん，子ども，お父さんの3人でボール投げをする場合，「次はお父さんに投げてね」とだれに投げるかを投げる前に決めて投げてみましょう。また，「○○ちゃん，だれに投げるの？」と問い，子どもに指さしなどで表現させてから投げさせるのもよいでしょう。

生活 4　お口を使って2——上手に飲む・噛む

●ねらい

　上手にカップから飲んだり，唇を閉じてよく噛（か）むことが目標です。飲む，噛む，飲み込むといった食事のときに使う筋肉は，ことばを話すときに使う筋肉と同じだといわれています。ですから，飲む，噛むを上手にすることにより，話すときに使う筋肉を鍛えたり上手にコントロールする練習ができますから，上手に話す基礎をつくることができます。

■内　容

　カップから飲むときは，カップを下唇につけて飲むようにしましょう。ダウン症の子どもの中には，舌にカップをつけて飲む子どもがいます。舌ではなく，下唇につけて飲むようにしましょう。最初はお母さんがカップを下唇にあて，手を添えて飲ませてあげましょう。カップに入れる量もほんの少しにします。また少しずつ自分で持って飲むように誘いましょう。

　噛むときは唇を閉じて噛み，飲み込むようにしましょう。ダウン症の子どもの中には，ほとんど噛まずに口を少し動かしただけで飲み込んでしまう場合が多くみられます。通常は噛みながら舌を使ってそしゃくしています。食べ物を奥歯のほうに舌で移動させ十分すりつぶしてから飲み込むのです。ダウン症の子どもの中には噛んでいるように見える子どもでも，舌を使ってそしゃくをしていない子どもが多くみられます。この時期に舌を使う習慣を十分につけることが大切です。時にはスプーンで奥歯の方に食べ物を入れてあげるのも良いでしょう。また，食べ物の形状や柔らかさも，子どもの噛む状態にあわせて調節することもよいと思われます。

　大きくなってからはなかなか習慣づけにくいので，噛み，そしゃくする習慣をつけたいものです。

◆展開例

　野菜スティックやせんべいなど歯ごたえのあるものを与えて，噛む練習や，一口では入らないものを与え，前歯で噛みちぎりましょう。

生活 5　お手伝い1 ──「持ってきて」・「おいてきて」

●ねらい

　手伝いは子どもの好きな活動です。手伝いの中でお母さんが言ったことばを理解することが目標です。

■内　容

　日常生活のなかで，子どもに「○○を持ってきて」と頼みましょう。最初は子どもから1～2mの近いところにある，ティッシュ，新聞，おむつなど子どもがよく知っているものを持ってきてもらいましょう。また，最初は子どももことばだけで言われたのでは理解が困難です。机の上にひとつだけ置いてあげたり，「○○持ってきて」と言いながら指さしをするなどしてわかりやすくしてあげましょう。

　ことばだけでわかることを目標に，最初は3つほどのものを決め，それらを持ってきてもらう機会をつくることから始めましょう。できるようになったら新しいものを加えてみましょう。上手に持ってきてくれたらほめてあげましょう。

　「○○を持ってきて」が理解できたら，「○○においてきて」など別の頼み方をしたり，「○○をお父さんのところへ持っていって」など，少し長い文章で頼んでみましょう。

◆展開例

　この時期の子どもはお母さんの手伝いをしたがります。たとえば，お母さんが食事を食卓に運んでいると，進んで手伝おうとしたりします。これらの手伝いは，子どもにとっては遊びやイタズラが発展したものですから，結果は不十分なことも多くありますが，手伝いを通してお母さんといっしょの世界や，いっしょの目標をもつことができるところに意義があります。このような「いっしょに」という経験がことばにも大切なのです。結果よりもしてくれたことを「ありがとう」と認めてあげ，また子どもが手伝ってくれているときも，励ましたりしましょう。

| 生活 6 | 指さし──要求のいろいろな表現 |

●ねらい

ダウン症の子どもは，何かを要求する表現が少ないといわれます。ですから，この時期はことばの前の「ことば」，つまり表情，発声，指さしなどのジェスチャーを使って多くの表現をしましょう。

■内　容

▶表情を豊かに　表情は大切なコミュニケーションの手段です。特にダウン症の子どもは笑いが少ないといわれます。くすぐったり，揺らすなどして大きな声で笑わせましょう。また，体を使った遊びをしたり，「なんだろう」と思うような新しい体験をすることもよいでしょう。

▶指さし　(1) お母さんと指さしたものを見る：お母さんがだっこしているときなどに，指さしながら「犬だよ」と話しかけます。子どもが注意を向けないようでしたら，子どもの顔をその方向に向け，注意を向けさせるとよいでしょう。お母さんと子どもで，指さしたものをしっかりと共有しましょう。

(2) 指さしでの表現：指さしといっても，最初は手を伸ばすところから始まり，しだいにひとさし指ではっきりと指し示すようになります。また，指さす内容も次の順で発達していきます。

　①教える指さし，感動を伝える指さし（乗り物，食べ物など見つけてうれしい物を，「アッアー」などの発声と共に指さして教える）
　②要求を伝える指さし（欲しい物，行きたい方などを指さす）
　③答える指さし（「お父さんどの人」と聞かれてお父さんを指さして答えたり，「犬はどこ」と聞かれて絵を指さして答える）

指さしでたくさん表現するためには，次のことをこころがけましょう。

まず，「庭の花が咲いた」とか「ちょうちょが飛んできた」など，子どもが「あっ」と感動するものが必要です。散歩に行く，買物に行くなど日常生活にリズムをつけ，子どもが新しいものと出会うような環境を用意し

てあげましょう。

　また，子どもが自分の感動したことを伝えたいと思う相手が必要です。この人にぜひ聞いてほしいと思わなければ，指さしをする必要もないでしょう。子どもが聞いてほしいと思う人は，たいてい大好きなお母さんであったり，お父さんです。日頃からいっしょに遊び人間関係をつくっておきましょう。

　さらに，「アッアー」といって指さしている子どもが何を伝えようとしているのかを理解して，応えてあげましょう。「あっ，見て見て，飛行機が飛んでいるよ」という意味なら，「そうだね，飛行機が飛んでいるね」と応えてあげ，「水が欲しいよ」という意味なら，「お水が欲しいのね」と要求に応えてあげましょう。

　以前にあるお母さんが，「しきりに指さして教えてくれるのだけど，何を伝えたいのかわからないのよ」と話されていました。子どもはしだいに要求をはっきり表せるようになります。焦(あせ)らずに，大好きなお母さんに伝えたいという気持ちを認めてあげましょう。もしかしたらこの子どもはこの時期には何かを伝えるというより，自分の指さしに応えてくれるお母さんとのコミュニケーションを楽しんでいるのかもしれません。また，あるお母さんは「子どものちょっとした発声の違いや，子どもが決まった方向を指さすだけで何を伝えたいのかがわかって応えてしまうので，子どもの表現が乏しくなってしまった」と話されていました。このお母さんはこの後周囲の人と話し合い，子どもからの働きかけをじっくり聞いてあげ，時には「なに？」と聞き返したりして，ジェスチャーや発声による表現を促したそうです。

課題 5　手指を使った遊び2 ── たたく・積む・通す

●ねらい

この時期には手や指での操作が少しずつ上手になってきます。手や指でのものの操作はことばの基礎である認識の発達の基礎となります。手を使ってたたく，積むなどの動作をしたり，指先を使って通す，めくる，折る，入れるなどの細かい動作をしましょう。

■内　容

▶たたく　お母さんが太鼓をバチでたたいてみせます。その後，子どもにバチを渡し，たたくように促しましょう。最初は子どもに手を添えて，いっしょにたたいてあげましょう。次にハンマーでボールや木のくぎをたたくおもちゃで遊びましょう。よく目で見て，狙いを定めてたたかなくてはなりませんので，最初は上手にできませんが，くぎやボールを正確に打てるように練習してみてください。

▶積む　積木を用意します。お母さんが2個積んで塔をつくってみせます。次に子どもに「積んでごらん」と促しましょう。最初は大きな積木で挑戦して，最後には2〜3cmの積木で挑戦してみてください。また，2個積めたら3個，4個と高く積むことに挑戦してください。

あるお母さんが「やってみようとしますが，私が積むとすぐに壊してしまうのです」と話していました。子どもはまず壊すことに興味をもちますから，こういう時期は無理に積ませるよりお母さんが積んだ積木を壊す遊びを十分楽しむほうがよいでしょう。お母さんが積む―子どもが壊すことを繰り返すことでもコミュニケーションができます。

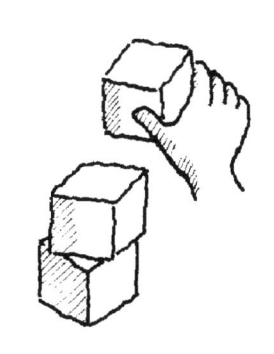

▶通す　ビーズをいくつか用意します。お母さんがビーズを穴に通してみせ，次に子どもに通すように促しましょう。最初はお母さんが手を添えていっしょにやってみましょう。最初はひとつだけ通すことを目標にしましょう。また，穴の大きなビーズから始めて，穴の直径が5 mmくらいのビーズに挑戦してみてください。ビーズの代わりに牛乳瓶のふたの中央に穴をあけてもよいですし，厚紙でつくってもよいでしょう。ひもはとじひものように，先が固いものが通しやすく便利です。

▶入れる・つまむ　この時期には出し入れは自由にできますから，小さな穴に細かいものを入れることに挑戦してください。たとえば，塩の空きビンの小さな穴に楊子を入れたり，貯金箱に10円玉や1円玉を入れるなど工夫してやってみましょう。最初はお母さんが手を添えていっしょにやってみることが必要でしょう。

▶めくる　絵本を子どもといっしょに見ながら，ページをめくるときに「○○ちゃんも手伝ってね」と，子どもといっしょにページをめくりましょう。子どもがひとりでめくりたがったら本を渡し，めくらせてあげましょう。一度に2～3ページずつめくっていても，徐々に1枚ずつめくることができるようになります。

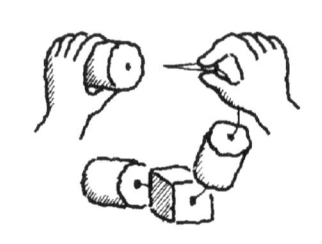

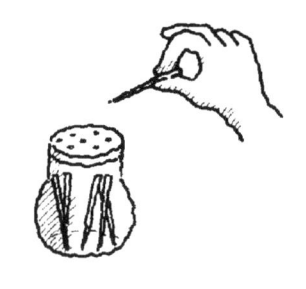

| 課題 | 6 | 同じもの合わせ──具体物のマッチング |

●ねらい

　身近な具体物を使って，同じものを合わせることが目標です。よく見て，同じものをさがしましょう。

■内　容

　子どもの身近にあるもので，同じものを2つずつ用意しましょう。たとえば，おもちゃのカップ，ミニカー，果物や野菜のミニチュアなど何種類かあればよいでしょう。

　まず，2種類のものを2つずつ用意します。たとえば，カップとミニカーを2つと箱を2つ用意します。子どもと向かい合って座り，カップがひとつ入った箱とミニカーがひとつ入った箱を子どもの前に置きます。これが見本になります。もうひとつのカップを子どもに渡して，2つの箱を指さしながら「どっちにおかたづけするのかな」「同じはどっち」と言います。

　子どもがカップの入っている箱に持っているカップを入れたら，ほめてあげましょう。できなければお母さんが指さして教えてあげましょう。最初は子どもの身近にあって知っているものを使って同じもの合わせをしてみましょう。できたらいろいろと種類を増やしてやってみましょう。

◆展開例

　子どもの前においた見本を入れる箱の数を増やし，同じものを合わせてみましょう。また，箱を使わずに同じものの隣に並べるようにすると，難しさが増します。「同じ」ということばの意味がわかるためにはいろいろな方法で同じもの合わせをやってみましょう。

| 課題 7 | 絵を見て歌おう |

●ねらい

　歌の歌詞を使って，ことばの理解を促すことがねらいです。最初から歌詞だけに注目するのは難しいので，歌詞の一部を絵にして，絵カードを見ながら聞いたり歌ったりしましょう。

■内　容

　歌の歌詞の一部をカードにしたものを用意しましょう。たとえば「カレーライス」の歌なら「にんじん」「じゃがいも」「たまねぎ」「肉」「カレー」「ライス」などの絵カードを用意しましょう。カードは描いてもよいですし，カタログなどの写真を切り抜いてつくってもよいでしょう。お母さんが歌を歌いながら，歌詞にそってカードを1枚ずつ見せていきましょう。こうして歌詞とカードを結びつけることにより，具体的なイメージをもたせましょう。しだいに「にんじん」という歌詞を聞きながら頭の中で「にんじん」を思い浮かべることができるようになっていきます。

　初めはひとつの歌を繰り返してやってみましょう。そして，少しずつ歌の種類を増やしていきましょう。

| 課題 8 | 手遊び歌をしよう——真似っこ2 |

●ねらい

歌に合わせて動作の真似(まね)ができることが目標です。真似をすることもことばの発達を促します。

■内　容

▶簡単な動作の真似をしてみます。まず子どもと向かい合って，子どもと目を合わせて，注目させましょう。次にお母さんが「くちくち—あたま」「くちくち—お腹」などと，手を口や頭，お腹にあてながら，リズミカルにゆっくりやってみせます。次に子どもの手を取っていっしょに動かしてあげましょう。上手にできたらほめてあげましょう。

▶手遊び歌をしましょう　簡単な手遊び歌やわらべうたを選びます。最初は短い歌で，単純で大きな動作の手遊び歌を選びましょう。子どもの好きな動物がでてくると，より興味をひくこともあるようです。子どもと向かい合って座り，歌を歌いながらゆっくり動作をしましょう。次に，歌いながら子どもの手を取っていっしょに動作をし，少しずつお母さんの動きを真似できるようにしましょう。

毎日1～2回ずつ根気よく続けることが大切です。最初は見ているだけですが，そのうち少しずつ真似できるようになるでしょう。また，最初に真似できるのは歌のある一部分であったり，1テンポ遅れて動作をしたりしますが，少しずつできるようになっていきます。

◆展開例

指先だけを使うなどの細かい動作の手遊びに挑戦したり，速く歌ったりゆっくり歌ったりして，動作の真似を楽しみましょう。

6章 4〜5歳児のことばの指導

1 発達の特徴——幼児後期の様子と課題

1）家族から集団へ——新しい活躍の場の準備

　4歳になったあいちゃんは，それまで通っていた通園施設から保育所に通うことにしました。通園施設での2年間で，歩くことが上手になり，動きもずいぶん活発になりました。何人かの顔なじみもでき，もっと活発に遊べる友だちが欲しい様子です。ことばの方も，それまで身振り中心であったものが，「シー，シー」と言っておしっこを教えられるようにもなってきました。お父さんとお母さんは，保育所に通うことで，さらに多くの友だちができ，遊びが広がり，ことばのシャワーを浴びて，もっといろいろお話ができるようになることを期待しています。また，家庭では甘えてしまってなかなかやろうとしない服の脱ぎ着や食事等の身のまわりのことも，友だちを真似て，ひとりでできるようになることを期待しています。

　この時期，家庭での活発な姿が通園施設などの小集団場面においても見られるようになったら，力を試す新しい環境を用意することも考えてみましょう。もちろん通う園側の受け入れ態勢などが，今のお子さんの様子にふさわしいものかどうか，特にクラスの友だちの人数，個別的に担当してくれる先生の有無，慣らし保育の期間など何度か見学に行って確認しておくことが必要です。

2）わかることばを貯金しよう

　保育所での生活がちょうど3ヶ月ほどたった頃からあいちゃんは家族と同じように保育所でも，イヤなことがあると「イヤ」とはっきり言えるようになりました。そして，泣いたり笑ったり等の感情もはっきり表せるようになってきました。また興味のあることには近づいてきたり，先生に手を引かれながら友だち集団に入って遊びに参加することもあります。このように活動面では，保育所に慣れ，ずいぶん育ってきたな，と感じられるようになってきました。

　ところがお母さんは，あいちゃんのことばがいっこうに増えていないことに気づきました。わかることばはずいぶん増えてきたと実感するのですが，欲しいものがあったり，やってもらいたいことがあっても，身振りだけで済ませたり，「……た」と語尾の音だけで済ませてしまうところが，特に目立つのです。

　この時期のお子さんは，自分のまわりにあるさまざまなものごとの中で自分が欲しいものは，《それ》と特定できるようになってきます。ですから，自分の思っているものではない《他のもの》に出会うと「イヤ（そうじゃないよ）」とはっきり言えるのです。「最近，聞きわけがわるくなってきたなあ」と感じる頃でもあります。したがってお母さんは，お子さんが《それ》を要求したり，《それ》を指し示す場面を多くつくってあげることを心がけましょう。そうすることでお子さんは，お母さんを介して《それ》の名前や特徴を認識していけるのです。これが，ことばかけのポイントです。この時期は，ことばの発達にとってもっとも大切な時期です。しかし，話しことばの数が急激に増えることはありません。わかることばをたくさん蓄えている時期なのです。ですから，お子さんの伝達したいという意欲を大事にしながら，ものごとには名前があるんだということ，そしてそれにはこんな特徴があるんだということはっきりしたことばを通して伝えてあげることが大切です。

　ままごと遊びのとき，粘土を丸めて「おだんご，丸いね」と話しかけた

り，食事のとき，「これは牛乳，冷たいね」「これはバナナ，黄色だね」というように単語をつなげた短いことばでいいのです。でも注意したいことは，一方的にことばを浴びせるのではなく，「丸いと感じているかな？」「冷たいと感じているかな？」といちいち間をおいて，子どもの反応を確かめながら，はっきりとしたことばで話しかけるように心がけましょう。同時に，ことばかけの場である【遊び】や【身のまわりのこと（生活）】に興味をもって取り組めることが大切です。楽しく遊ぶこと，そして意欲的に身のまわりのことに取り組んでいけることが，この時期，もっとも大切なこととなります。

3）早くわかってあげるよりも，じっくり聞いてあげよう

あいちゃんのお母さんは，この時期のあいちゃんの目標を「楽しく遊べること，そして意欲的に身のまわりのことに取り組んでいけること」と決めました。そして保育所でも同じ目標をもってかかわってもらいたいと考え，保育所の先生にお話をしてみることにしました。お母さんから保育所でのあいちゃんの様子を尋ねられた先生は，最近のあいちゃんのことを思い出してみました。入所以来，あいちゃんは何かしてもらいたいことがあると，先生の手を引っ張って「あーあー」という状態が続いています。でも最近，先生自身のかかわりが少し変わってきたことに気づきました。手を引かれていくだけで，あいちゃんのお話を聞くまでもなく，要求や訴えがわかって，すぐにやってあげていました。そのことをお母さんに話すと，お母さんもあいちゃんとのかかわりの中で思い当たることがありました。

そこで，お母さんと先生は，改めてあいちゃんとのかかわり方について話し合いました。今のあいちゃんは，生活の場である家庭や保育所に慣れ，そのなかでまわりの人ともずいぶんかかわりがもてるようになってきたところです。ところが，親切なまわりの人たちは，あいちゃんのちょっとした仕草（しぐさ）から気持ちを理解してくれるようになったのです。そのことであいちゃんは，自分の気持ちや要求をことばにして伝える努力を必要としなく

なりました。

　この時期，まわりの人たちは，早くわかってあげるよりも，じっくり聞く，良い聞き手になることを心がけるべきです。その結果，子どもは，なかなか上手に気持ちを伝えられない歯がゆさを経験するかもしれません。でもこれは，子どもとの間で楽しく遊べる関係ができていると，遊びの場面で解消してあげられることです。子どもは，遊びで楽しかった経験をバネに，何度でもお母さんに伝えようとしてくれるはずです。また，いっしょに遊んだり，身のまわりのことをいっしょにがんばった経験を子どもとの間で共有していると，子どもの不明瞭なことばや未熟なことばでも理解できるようになります。さらにその経験は，正確で，豊かなことばへと導く際の助けとなってくれるはずです。

4）お話上手でないから友だちと遊べないのでしょうか？

　5歳になって，あいちゃんは年長組になりました。そして，これまでの取り組みの成果が少しずつ現れてきました。何よりもお話しできることばが増えてきました。しかも，ひとつの単語で要求したり話したりするだけでなく，「ボール，あいちゃんの」とか，「ワンワン，ネンネ」というように，最近は時々，ことばをつなげて話すようになってきました。伝えたいという気持ちも十分で，「ゴニョゴニョ　あい，ゴニョゴニョ　ママ」と写真を見て，明らかにお母さんに説明しようというところもみられます。これは，写真に写っている自分やお母さんを指し示すだけでなく，その時のことを思い出して話をしているのです。単に物事の名前だけでなく，関係を認識して，そのことばで言えるようになってきたことの表れでしょう。

　このような認識面の発達は遊びにも変化をもたらしました。ままごと遊びと鬼ごっこは，あいちゃんの大好きな遊びです。でもこれまでのままごととは，ひとりで「ゴニョゴニョ」と言いながら，おもちゃの食器をなめたり，触ったり，打ち合わせたり，お人形の手足を引っ張ったり，洋服を脱がせたりと，おもちゃの用途に従って遊ぶというよりはおもちゃを単なる

ものとして扱うような遊びでした。そんな時，お母さんが相手をしようと「お人形さんに，マンマあげようか」と話しかけてもなかなか聞いてくれず，しまいにはまわりのおもちゃを投げてしまっておしまいになっていました。それが最近，お母さんの動作を真似てお人形の世話をしたり，お母さんから「お人形に，ご飯を食べさせてあげようか」と言われることが楽しい様子です。さらに，茶わんからスプーンですくう動作までもいれて食べさせ，「あげたよ，次はどうしようか？」とでもいうようにお母さんの顔を見てくるようになりました。遊びの面でも，ものとものとの関係がわかってきたこと，そしてなによりも気持ちや動作をお母さんとの間でやりとりする楽しさがわかってきたようです。

　これまで，あまり変化のみられなかった集団の中での友だちとの遊びでも，少しずつですが変化がみられるようになってきました。保育所での鬼ごっこでは，これまで先生に手を引かれてただ走りまわっていました。それが，少し成長した最近の様子をみると，友だちと手をつなぐこと自体に抵抗がなくなりました。そして，先生が友だちと手をつながせてくれると，

友だちといっしょに逃げ回って鬼に捕まりそうになると，先生や友だちの大げさな「キャー」に誘われて「キャー」と言って楽しんでいる様子もみられます。でも，先生がいなくなり友だちの中にひとり残されると，自分からすすんで友だちと手をつなぐことや，もちろん参加して逃げ回ることは，まだ少し難しいようです。そんなあいちゃんを見て世話好きのみっちゃんが誘ってくれました。ただ，みっちゃんがいっしょに逃げてくれても，あいちゃんはずっと鬼を意識して逃げることは難しいようです。いつのまにか鬼の前に出てしまい，難なく捕まってしまうことがよくあります。集団遊びのルールの理解がまだ難しいのです。

　このように，集団に参加して友だちといっしょに遊ぶには，非常に高度の認知能力を必要とするルールの理解が必要です。けっして，「(遊びに)いれて」とはっきりと言えないからとか，友だち同士でルールを決めるとき，上手に話ができないから遊べないのではありません。この時期，お子さんの成長としては社会性が芽生ばえ，それまでの集団を意識しない自分勝手な行動が，少しずつ自分をコントロールした行動へと変わってきたことに注目してあげるべきです。お母さんや特定の友だちと楽しく遊べること，さらに，その雰囲気を通して少しずつルールに従った活動に導いてあげることが大切です。

5）家庭のことばと，保育所での〈ことば〉

　6歳になって，あいちゃんも，あと数ヶ月で小学生です。でもまだクラスの友だちと対等に遊ぶというわけにはいきません。あいちゃんのことをいろいろ気にかけてくれるみっちゃんが誘ってくれるといっしょにままごと遊びに入れるのですが，相変わらず自分から「いれて」と言って入っていくことは難しいようです。保育所では最近，テレビで活躍中のヒロインを真似た〈○○ごっこ〉とか，運動会の練習が始まって〈リレーごっこ〉等の動きのある遊びがはやりだしました。でも，あいちゃんはどうも苦手の様子です。友だちが遊んでいる様子を離れたところからじっと見ていま

す。ところが，お家に帰ると，ひとりで，ポーズをきめたり，「ヨーイ，ドン」と言って弟のけいちゃんと家の中を走り回ったりするのです。

　この時期のお子さんは，集団の中でいっそう，自分をコントロールできるようになってきます。ですからこれまでのようにひとり勝手に遊んでいたり，欲しいおもちゃにだけ目がいって，友だちの様子におかまいなしに欲しがったりしません。友だちの遊んでいる様子を見て遊びに入るきっかけを探しているようなところもあります。自分と他の人との区別がはっきりしてきたのです。すなわち，自我が芽生ばえ，それが少しずつしっかりしてきたのです。しかし他の人に向かって，コントロールされた自分を主張していくことはまだ難しいようです。ですから，きっかけがつかめないまま楽しそうな遊びが終わってしまったりすると，感情的に泣きだしたり，乱暴になったりします。一方，自分を主張できる家庭では，お母さんを相手に休む間もないくらい話しかけたり，きょうだいを相手に活発に遊べるのです。

　この時期は，そのような自分をしっかり出せる場での自己表現を大切にしてあげましょう。それが集団での練習になっているのです。たとえ集団場面で活発にお話をしなくても，以前とちがってその場の雰囲気はしっかりとらえています。よく見ると，表情や動作で対応していることにも気がつきます。保育所など集団の中では，そのような表情や動作の変化が，この時期の子どもの〈ことば〉なのです。ですからまわりの大人は，それを敏感にとらえ，その時の子どもの気持ちをことばで代弁してあげることが，大切なことといえます。

　6) 就学を前に──文字への興味
　明日は卒園式です。あいちゃんの変化に気づくたび保育所の先生に連絡帳で報告していたお母さんは，2冊の連絡帳を見ながらこの2年間のことを思い出していました。保育所入所の頃に比べるといろいろな面で発達していることを改めて感じました。特に身近なことに手がかからなくなって

きて，活動的になり，あいちゃんも自信が出てきたように思いました。家庭や保育所の場面を見る限り，言われたことに関しては，ほとんど理解できているようにみえます。でも，お話の方はまだ「ゴニョゴニョ」ことばや，単語，そして単語を2つくらいつなげた表現です。理解が相変わらず表出に勝っているようです。

　最近「おべんきょう」と言って鉛筆を持って机に向かうようになってきました。保育所でも，友だちの間で「おべんきょう」がはやっているとのことです。あいちゃんの場合，知っている単語や「ゴニョゴニョ」と言いながら丸や線をミミズのようにつなげて書いています。

　この時期，友だちやまわりの人の影響を受けて，話しことばを文字のような書きことばに換える仕草(しぐさ)を真似るようになります。このような遊びの積み重ねによって，それが文字を書いているのだとしだいに意識するようにもなります。文字をおぼえることによって，「ゴニョゴニョ」ことばがはっきりしてくるお子さんもいます。発音が明瞭(めいりょう)になるお子さんもいます。

　でも，焦(あせ)らないでください。丸やミミズに代えて早くひらがなにしようと教え込んでも，鉛筆をコントロールしてひらがなが書けるようになるにはまだ時間がかかります。いろいろな活動を通して目と手，手と指，肘と肩等のコントロールを身につけていきましょう。またひらがなでは，一音は一文字で表されるという特徴があります。ですから，話しことばで，たとえば「かえる」の「か」と，「からす」の「か」が共通の「か」であることを知っていることが大切です。しりとり遊びや，単語の音分け（音韻分解）遊びができていると，ひらがなの獲得がスムーズです。また，「おべんきょう」を通して，一定の期間，注意を集中して課題に取り組めるようになってきたこと，机に向かえるようになってきたことは【学習態度】として，この先も大切に育てていってください。これは，学齢期の学習の基礎となる大切な能力です。

　お母さんは，2冊のノートを読み終え，あいちゃんが，この2年間に友だちの影響を受け，そして保育所と家族との共通の取り組みでここまで成

長したんだと改めて感じました。

2 指導プログラム

遊び 7　体を動かそう 2 ── 動物歩き

●ねらい

　いろいろな動物の歩き方を真似(まね)しましょう。いろいろな動物の歩き方は，子どもが獲得した方がよい姿勢や移動運動を含んでいます。楽しみながら手足をはじめ身体の各部をコントロールし，協応させることも大切です。

■内　容

　真似て歩く動物の音楽や絵，お面を用意して，その動物の特徴を思い出させましょう。ことばで特徴を話し合うのは難しいことです。大人が，その動物の特徴的な習性や仕草(しぐさ)を真似て，子どもにそれを真似させるとよいでしょう。たとえば，しゃがんだ姿勢で両手を頭にのせてウサギになったり，うつ伏せに寝て，両手，両足を合わせてピンと伸ばし，伸ばした手足をそれぞれ左右別の方向に振ってサカナ等，子どもにとって身近で，親しみやすい動物から始めましょう。いろいろな動物の格好の真似ができるようになったら，次は，歩く真似です。歩く動作は，動物の種類によって身体のコントロールのやさしいものから，難しいものまでいろいろあります。子どもが，上手に真似っこできないときに「次は○○になろうか」と言って，やさしい動物に変えることで興味を持続させましょう。どんな歩き方が容易で，どんな歩き方が困難か知っておくことが大切です。歩き方を発達レベルの順に示すと次のようになります。①ワニ，カメ：這い這いの姿勢，②イヌ，ウマ：四つ這いの姿勢，③ゾウ：手を振りながらのゆっくり歩行，④カエル，ウサギ：両足跳び，⑤アヒル：しゃがんだ姿勢での歩行。ここで注意したいのは，難しさに挑戦させるのではなく，子どもの好きな動物を真似たり，お母さんと競争したり，真似っこする動物のイメージの音楽をかけるなどして，楽しく遊べるようにいつも心がけることです。

遊び 8　お母さんごっこ——ままごと遊び3

●ねらい

　お母さんの役になって，お母さんが演じる赤ちゃんや人形にご飯を食べさせる，料理を作る，掃除，洗濯をする等，①役割を演じること，②まとまりのある日常動作を再現することをねらいとします。

■内　容

　(1) お母さんといっしょに，ままごと遊びをしましょう。まず最初に，お母さんが〈子どもの役〉を演じましょう。子どもに対し「○○お母さん，ご飯ちょうだい」と言ってご飯を食べさせてもらいましょう。さらに，「○○お母さん，次はネンネ」「次は，お顔きれいきれい」と〈お母さん役〉になっていることを意識させながら，すでにできている動作を〈子ども役〉のお母さんに対して，やらせましょう。

　(2) 一つひとつの動作ができたら「次はどうしようか？」と尋ねてみましょう。ここでは質問するだけにとどめて，次の動作を自分で決めさせるようにします。これは，日常動作を一連のまとまりとして再現させる準備といえます。さらに子どもにイニシアチブをとらせることで，自分が〈お母さん〉なんだということをいっそう意識させることになります。

　(3) お母さんを相手に，ままごと遊びが楽しめるようになったら，人形と食器や布団を用意して，人形を相手にままごとをしましょう。人形を相手のままごとでは，子どもは〈お母さん役〉とともに，人形の黒子となって〈赤ちゃん役〉の2役を演じる必要があります。初めのうちは，お母さんが人形の黒子となって〈赤ちゃん役〉を演じてあげましょう。

◆展開例

　最初の役割としてのお母さんごっこができるようになったら，お父さんごっこ，先生ごっこ，お店屋さんごっこ，お医者さんごっこ等，子どものなじみの役割ごっこもしてみましょう。また，動物ごっこをして動物の習性や動作を再現してみましょう。

遊び 9　鬼ごっこ——役割遊び3

●ねらい

　鬼ごっこは，最も簡単なルール遊びです。また，初歩的なテーマのある役割遊びでもあります。子どもは，ルールとともに自分の役割を理解しなければ遊べません。鬼ごっこ遊びを通して，ルールに従うこと，そして，「鬼」「子」の役割を演じることをねらいとします。

■内　容

　▶ (1) 家庭では，お母さんが「鬼」の役を，子どもが「子」の役を演じることから始めましょう。子どもがお母さんにかまってもらいたくて，ちょっかいを出してきたときなどをみはからって，追いかけっこをします。追いかけるときは「鬼だぞー，食べちゃうぞー」などと言って追いかけます。つかまえたら，食べる真似(まね)をしながら子どもをくすぐったりしましょう。少し力を緩めて子どもが逃げ出すチャンスも作ってあげましょう。そして，何度も逃げる→捕まえる，逃げる→捕まえるを繰り返して遊びましょう。

　(2) 子どもが「鬼」と「子」の役割に気づき始めたら，役割を交代して，お母さんが「子」となって逃げ，子どもに「鬼」の役をさせてみましょう。子どもの意欲に合わせて，〈容易に捕まる「子」〉と〈なかなか捕まらない「子」〉とを使い分けてください。

　▶集団場面でも，特定の友だちや大人と手をつないで逃げる「子」の役から始めましょう。「鬼」に捕まりそうになったら，いっしょに手をつないでいる友だちや大人は，大げさに「キャー」と声を出して，捕まることの不快さ，逃げることの大切さを教えましょう。また集団では，「鬼」の役の理解が容易な〈手つなぎ鬼〉などの鬼ごっこができます。

◆展開例

　「子」が捕まると「鬼」になる〈手つなぎ鬼〉，「子」が一度捕まっても，仲間に助けてもらえる〈助け鬼〉，いろいろな役を演じる〈どろけい（泥

棒と警察)〉など，ねらいに合わせていろいろな鬼ごっこがあります。

| 生活　7 | お口を使って3——舌の運動 |

●ねらい

　舌は、「そしゃく：噛む」や「嚥下：飲み込む」といった大切な機能に重要な役割を果たしています。また、ことばの多くの音声を作る主役をなしています。発声・発語のために舌をいろいろ動かす運動をしましょう。

■内　容

　▶上方向への運動　大きな棒つきキャンデーを用意します。舌を出して、キャンデーをなめさせましょう。キャンデーは、唇でおさえて、口の中でなめる習慣がついていることが多いので、口に入らないくらいの大きいものを選びます。初めに、お母さんがモデルを示し、子どもに抵抗がなければ、反対の面をなめさせてもよいでしょう。それができると、お母さんと子どもが交互になめる遊びとして楽しめます。キャンデーやお母さんとのやりとりに興味を示さない場合は、ソフトクリームや棒つきのアイスキャンデーを使い、なめて変化する形に注目させたり、溶けてきて、なめることに一生懸命になることなどを利用して楽しく行いましょう。

　▶上下・左右方向、円の運動　ジャムか練りチョコレートを用意します。鏡とおしぼりもあるとよいでしょう。お化粧ごっこと称して、唇にジャムで口紅をつけてあげましょう。ぬり終えたら、鏡を見せ、舌を使ってきれいにとるように指示します。多くの場合、舌だけでとるのが難しく、唇や歯を使うので、お母さんがモデルを示した方がよいでしょう。また、初めから円の運動は難しいので、上唇・下唇・左右の口角のいずれか1ヶ所につけ、鏡を見てなめさせることも何度か行ってください。さらに、上下の口腔前庭（前歯と唇の裏との間）にジャムやボーロを入れ、舌を動かしてとらせることも舌を使った運動です。

◆展開例

　舌の体操：①舌を出す・引っ込める、②上・下（上・下唇）、③右・左（右・左口角）、④唇上に舌を回す、⑤おサルさん（口腔前庭に舌）など

生活 8　お手伝い2 ――場所のことばと時間のことば

●ねらい

「上・下」「中・外」「前・後」「次」「それから」など，ものとものとの関係や行動のつながりに関することばを，お手伝いという子どもが自然にことばに注意する場面を通して理解することをねらいとします。

■内　容

▶場所のことば　（1）日常生活の中で，子どもが知っているものを使った「○○持ってきて」や「○○をテーブルにおいてきて」等のお手伝いができるようになったら，次に「△△の横の○○を持ってきて」や「○○を机の下にかたづけてきて」と指示内容に場所を指定することばをつけ加えていきましょう。ここでは，場所を指定することばの意味が理解できていなくても，子どもがすでにできているお手伝いなので，場所を指定することばを聞く機会をつくっていくことに重点をおきます。

（2）お手伝いが上手にできたら，品物を再び手にとって「△△の横ね」とか，「テーブルの上ね」と言いながら，品物を横や上に大げさに移動させ，子どものお手伝いの結果をフィードバックしてあげましょう。

▶時間のことば　「○○の準備をする」「かたづける」「手を洗う」「おしっこをする」「座る」など，日常すでにできている動作を2つつなげて指示します。「手を洗って次に○○の準備をしよう」「座る前にかたづけよう」「おしっこをした後で，手を洗おう」のように，2つの動作には必然性がある方が子どものつまずきは少なくすみます。動作につまずきがないことで動作と動作とを結ぶ「次」「前」「後」「～（して）から」等のことばを自然に耳に入れる機会になります。

◆展開例

・順序のことば（一番，はじめ，こんど，おしまい）

・反対ことば（大小，多少，長短）

・曜日のことば（○○曜日の次は△△曜日，△△曜日の前は○○曜日）

生活 9　「お父さん，ごはんだよ」──伝達と報告

●ねらい

　伝達する，伝言の手伝いをする，報告するなどを通して，ことばを話す機会を多くつくることをねらいとします。また，話されたことばによって相手が活動に移る変化や相手の喜びを体験します。

■内　容

　▶伝達　「お父さん，ごはんだよ」「お父さん，おふろだよ」など，日常生活の活動の始まりを家族に伝達する手伝いをしてもらいましょう。また，「お父さん，お出かけするよ」「お母さん，○○持ってきて」など，お母さんからお父さんへ，お父さんからお母さんへの伝言のお手伝いをしてもらいましょう。上手に話せないことばや，つなげて言えないことばは，一語のみでもかまいません。伝達を依頼する大人は，子どもの状態に応じて，話しやすいことばを選んであげましょう。また，伝達相手が見える距離から始め，つまずきそうなとき，適切な手だすけを与えましょう。上手な伝言より話す機会をつくること，そして伝言相手からの「ありがとう」のことばで，話すことに自信を持たせることに気を配りしましょう。

　▶報告　「ごちそうさま」「ただいま」「ありがとう」など，活動の区切りのことばが，毎日の生活のなかで出始めてきたら，内容についても話す機会をつくりましょう。たとえば「ごちそうさま」と言ったときは，お父さんが，「なに食べたの？」と尋ねてみるのです。「……」と困っている子どもに，お母さんが「バナナ，食べたんだよね」とモデルを示し，子どもに「バナナ，食べた」とお父さんに向かって復唱させましょう。お母さんがひとりのときでも，お父さん役を兼ね，話す機会をつくってください。お散歩から帰って「パトカーあった」とか，おふろから上がって「熱かった」など，見たもの，感じたことをことばにすること，そして，相手に伝えることを大切にしてください。明瞭な発音や文を要求するのではなく，「報告してくれて，うれしかったよ」という気持ちを伝えてください。

| 課題 | 9 | 手指を使った遊び3 ――お絵かき |

● ねらい

　描画を通して，目と手，手と指，肘と肩の協応など，学齢期の学習に必要な身体諸機能を発達させましょう。さらに，筆記用具の先端や，描かれていく線に注目することを通して，ごく自然に注意力を養います。

■ 内　容

　描画は，〈テンテンと印をつける〉→〈なぐり描く〉→〈上手に線を描く〉へと発達していきます。子どもの状態に合わせ，無理のないテーマを設けましょう。準備として，自由に，思いっきり，描けるような大判の紙（A3サイズ程度のもの）と，筆圧が弱くても印のつきやすい水性のフェルトペンのような筆記用具を用意します。

　▶「雪が降ってきた」　初めは，ペンを動かして印をつけることに興味をもたせます。「雪」や「雨」などテンテンと印をつけていくのにピッタリのテーマを選び，お母さんもいっしょに紙面いっぱいに楽しく印をつけていきましょう。

　▶「スキーをしよう」　次は，なぐり描きです。「スキー」とか「車がビュンビュン走る」と言いながら，自由な線を描き楽しみましょう。もちろんまだ，思い通りの線は描けませんが，点から連続した線へ，手の動きや注意の持続に向上がみられてきます。

　▶「鬼ごっこ」「スキー」からしだいに「お母さんが先に行くよ」と言って，子どもに後を付いてこさせましょう。ゆっくりと大回りができるようになったら，スピードを上げ，小回りしながら直線や曲線を子どもに追わせることで「鬼ごっこ」になります。お母さんの描く線をなぞらせて，コントロールされた線描きを楽しく経験させましょう。

◆ 展開例

　色ぬり：色ぬりは，線描き以上に注意力やその持続力を必要とします。「鬼ごっこ」の展開として，狭い範囲の色ぬりがあります。

課題 10　絵本の読み聞かせ

●ねらい

　絵本を読み聞かせることを通して，絵とことばとの結びつきを確かにします。また，説明や物語を聞いて，ものごとの時間的・空間的関係を理解します。さらに，聞く能力と態度を身につけていきます。

■内　容

　▶ことばと絵とのマッチング　絵本を読んでもらうことの楽しさをまだ知らない子どもにとって，絵本はページをめくるおもちゃです。この時期には，1ページに絵がひとつはっきり描かれている絵本がよいでしょう。写真用のアルバムに身近な絵や写真を1枚貼った自作絵本も，ページめくりを卒業させ，絵に興味を持たせる時期には，よい絵本となります。初めのうちは，絵の説明や物語よりも，「～はどれ？」といった絵そのものの理解です。名前を聞いて絵を指ささせ，お母さんと子どもが応答し合うことを大切にしましょう。また，絵と同じ具体物を持ってこさせ，マッチングさせることも楽しい活動です。さらに絵本への興味がすすむと，お気に入りの絵本がいくつかできます。その頃には「次は，～のお話しようか」というと，本棚から，絵本を選ぶこともできるようになります。

　▶理解を深めるための動作化　子どもの理解がすすむにつれ，「これ何？」と名前を聞くことから，「～は，どうしたの」と，少しずつ関係や性質にも目を向けさせましょう。これらは，日常会話の中だけではなかなか経験できないものです。ストーリーの理解とは，ものごとの時間的・空間的関係の理解でもあります。「これ何してるのかな？」と質問してみましょう。でも，子どもはことばで答えることができません。その時は，「○○ちゃんもやってみようか」と動作化を通して理解を確かめたり，深めることも大切です。

　▶読み聞かせのポイント　(1) 読み聞かせは毎日，運動遊びをたくさんした後や，寝る前の気持ちの落ち着いている時間と決め，続けていくこと

が大切です。

（2）月に何度か子どもといっしょに本屋さんに行き，あらかじめ選んでおいた本に興味を持たせ，買ってあげましょう。自分で選んで買ってもらったという思いや，自分で持って家に帰ることで，その本を読んでもらいたいという気持ちが広がります。

（3）子どもからの反応が少ない時期には，どうしてもお母さんは〈教え込み型〉の読み方になりがちです。注意喚起の語（「見て」「ほら，～してるよ」「ほら，～だよ」）や疑問語（「あれーっ？」「これ何かな？」「何してるのかな？」）を発していきましょう。また，フィードバック的応答（「そう，～だね」）にも心がけてください。さらに，話しかけた後には必ず，子どもが見たり，考えたり，応える「間」をとりましょう。その間，子どもの視線や表情の変化，そして発声に注意し，応えてあげましょう。

課題 11　絵カード合わせ

●ねらい

　絵カードや写真カードを材料にして，〈同じものさがし〉をしましょう。

■内　容

　(1) 具体物を使っての〈同じものさがし〉により，〈同じ〉の意味がわかり，学習の手続きを飲み込んだところで，材料を色板や形板に変え〈同じものさがし〉を行ってみましょう。色板や形板は，具体物から急に抽象度の増す課題となりますが，特徴が鮮明なので〈同じものさがし〉の材料としてはよく使われるものです。

　(2) 色板や形板で〈同じものさがし〉ができるようになったら，次に絵カードを材料にして〈同じものさがし〉をしましょう。絵カードの絵は，子どもがよく知っていて，できれば名前の言えるものから始めるとよいでしょう。絵の描き方にもよりますが，絵カードで〈同じものさがし〉ができるようになっても，すぐに写真カードでの〈同じものさがし〉ができない場合があります。絵は単純化して描かれることから，写真より特徴をとらえやすいのでしょう。

◆展開例

　〈同じものさがし〉には，①マッチング形式と②チョウダイ形式の2つの方法があります。マッチング形式とは，あらかじめ並べられた複数の絵カードに対し，子どもが手元の絵カードを，1枚ずつ同じかちがうか確かめていきます。同じものが見つかったら，見本の絵カードの上に対応（マッチング）させ置いていく方法です。一方，チョウダイ形式とは，大人から「これと同じのちょうだい」と言って見せられた絵カードと同じものを，机上に並べられた絵カードの中からさがす方法です。したがって，さがす絵カードの名前やイメージを頼りにする点と，見つかったら相手に渡すという対人的な要素が含まれる点でマッチング形式より，難しい方法といえます。材料や子どもの状態に応じて使い分けてください。

課題 12　動物ごっこ──真似っこ3

●ねらい

　動物の真似(まね)っこは，運動能力，空間や時間を知覚する能力，そして意図的に注意する能力を養うことができます。さらに，身体・表情・行動を介してトータルなコミュニケーションを交わすことができます。

■内　容

　(1) 子どもと向かい合って，お互いの表情や動作を真似しあいましょう。

　(2) 表情や動作の真似っこが楽しくできるようになったら，いろいろな動物の格好を真似てみましょう。初めは，お母さんがモデルを示して楽しい雰囲気で真似っこに誘いましょう。たとえば，四つ這いの姿勢になって「イヌだよ」と言いながら，クンクンにおいを嗅いだり，エサを食べる仕草(しぐさ)をし，「○○ちゃんもいっしょに食べよう」と誘います。また，這い這いの姿勢になり「ワニさんだよ」と言いながら，大きく口をあけエサをのみ込むように食べる仕草をします。子どもがイメージをもって真似できるような，動物の特徴的な習性や仕草を動作化してあげましょう。

　また，(3) お母さんと子どもが共に，四つ這いの姿勢のウマになって「おうまの親子」の歌に合わせて歩いたりしましょう。

　さらに，(4) 動物の音楽や絵，お面を用意し，子どもに，その動物の特徴をイメージ化させ，自発的に動物を演じさせる動物ごっこをしてみましょう。また，「うさぎとかめ」の絵本を読み聞かせ，お母さんと子どもが，それぞれ，カメさんと，ウサギさんになり，物語を思い出しながら真似っこをし，競争するのも，よりすすんだ形の動物ごっこです。

◆展開例

　動物の真似っこが上手にできるようになったら，(1) 童謡や歌に合わせた，手と指による表現，さらに，(2) 童謡や歌に合わせ，連続性のある動作の真似っこも行ってみましょう。

7章 6歳から（学齢期）の ことばの指導

1 学齢期の発達の特徴——この年齢の様子と課題

1）言語発達の特徴とその障害
a. ことばの理解力と認識力の向上

あいちゃんも6歳になり小学校に入学しました。歩いて30分かかる地域の特別支援学級（固定学級）に通学しました。2年生まではお母さんが自転車に乗せて行き，途中から歩いて通いました。体力が徐々についてきて，信号や簡単な交通ルールを覚え，お家から学校までの歩ける距離を少しずつ伸ばしてひとりで通う練習を重ねて，3年生から一人通学ができるようになりました。

学校でのお勉強は，最初のうちは前に立つ先生のお話をほとんど聞いておらず，すぐに自分勝手に立ち歩き遊んでしまうことが多くみられました。しかし，徐々に落ちついてきて，お友達と一緒に先生のお話や黒板や教材に注意を向けて見たり，聞き入るようになりました。それは，保育所時代の終わり頃から，とても興味を持ち始めた絵カード（カルタや五十音の積木の絵）や絵本を使っての学習が始まってからでした。関心が強いものにはとても積極的なあいちゃん。絵カードを使っての「ものの名称」や「お話」の学習には目を輝かせて聞いています。先生に質問されても，次々と指さして回答したり，ジェスチャーで答えたりして，たくさんのものの名

前などを覚えていきました。何ごとも子どもの興味・関心からスタートして，徐々に『ことばの世界』を広げて，何気なく引き込んでいくことが大切です。また，小学校での一連の生活の流れを理解していくうちに，「次は何をするんだな」「クレヨンが出てきたら図工だ」「チャイムが鳴っているから給食の時間だ」など少しずつ活動に見通しが持てるようになりました。しっかりと先生の話を聞いたり指示にしたがって学習する（学習の構えの確立…さまざまな事象を自分に吸収しようとする態勢をつくる）というのは，ただ机に座っていればよいというのではなく，自分をとりまく周りのことを認識したり，身近なものや事がらを理解しようとする意欲的な段階にいたってできてくるものです。つまり，ことばを理解しようとする意欲のステップアップが大前提になります。

　b．動作語や形容詞を少しずつ増やしましょう

　しかし，言語の理解は広がっていきましたが，発語（会話）のほうはあまり増えていきません。二語文程度を話せるようになったあいちゃんでしたが，それ以上の長い文が出てこず，理解が広がった分だけお話をする語彙の種類（単語の数）が増えている程度でした。そして，小学生の時期でも，二語文よりはどちらかというと単語（ひとつの語）で表現することが多くみられました。あいちゃんの場合は，表出より理解のほうが先行しているようでした。ここで，お母さんや先生が二語文や三語文などの長い文で話すように強制的に教えてもまったく効果はあがりません。この時期は身近にあるものや見聞きしたことを何でも覚え，知識として語彙を増やす時期です。とかく，ものの名称ばかりを教え込むことになりがちですが，そうではなくて，リンゴでも「リンゴ」「あか」という子どもの発語に対して，初めの頃はそれを繰り返して言ってあげ，そのうち「リンゴ」や「あか」をすっかり覚えてきたら，「おいしそう」「大きいリンゴだね」「くだものだよ」などと，ものを別のことばで説明する語，特に「感情的なことば（形容詞）」を言って応答してあげましょう。そして，徐々に二語文や三語文にして語りかけていきましょう。無理をせず，子どもが真似をし

て言える程度にとどめておくことが重要です。また，ダウン症児は，名詞を覚えるのは早く，動詞（動作語）や形容詞などを使うことが少ない子どもが多いといわれています。お母さんや先生が，できるだけ「きれいだね」「いっぱいあるね」「はやいね」など状態や気持ちを表現することばをその場の状況に合わせてわかりやすく言ってあげましょう。

c.「ジェスチャー」から「ことばのみ」へ
　　——コミュニケーションの拡がり

　2年生になり，こうしてたくさんのことばを覚えてきたあいちゃんに，お母さんはまだことばかけと同時に身振り手振りのジェスチャーで説明したり指示したりしています。確かに，初めてのことや知らないものを教えるときには，あいちゃんに早く理解させる方法としてジェスチャーは有効かもしれません。しかし，学校での学習場面でのあいちゃんは，知っているものやことばであっても先生にジェスチャーで答えたり教えたりします。たとえば，ご飯を食べている熊さんの絵を見て，先生にことばを発して表現せずに，口を動かし「ムシャムシャ……」という仕草(しぐさ)をして絵を指さしていました。ジェスチャーや動作での表現は決して悪いことではありません。そうした動作による模倣力や表現力はことばを支える大きな柱です。ただし，あいちゃんには「ことばを使って話す」という表現力があるのですから，なるべくことばによる表現を使っていきましょう。そうしていくうちにあいちゃんも，ことばで大人やお友だちとコミュニケーションすることの楽しさを覚えていくでしょう。

d.「よく聞いて／よく考えて」——ことばの概念の拡がり

　一人通学ができるようになったあいちゃんは，何ごとにも自信がついてきて，何でも自分でやりたがるようになってきました。お母さんが何か手伝おうとすると「いいーの」と拒否して失敗したり，学校での学習も自分から「はーいはーい」と手をあげてみんなの前に出ていくのはよいのですが，先生の意図したことと違うことをやってしまうことがあります。まだ，「聞く→考える→話す（行う）」という総合的になされる言語活動がバラン

スよく働いていないためです。話しことばだけに気を奪われて,「聞く」→「考える」という言語の認識面での要素が忘れがちになります。あいちゃんもそうですが,ダウン症児の多くは模倣する力や動作による指示の理解,絵をみて理解する能力が,ことば（音声）を聞いて理解する能力より高いと言われています。また,具体物のことばの名称やその理解は高いのですが,ものの用途（「飲むのはどれ？」と聞かれて「水」とわかる）や「同じ－違う」,ものの共通した属性（形,色,食べものなどの仲間集め）などの抽象性の高いことばを理解する能力が劣っているとされています。つまり,語彙を増やしていくという量の拡大も大切ですが,いろいろなことばの意味からカテゴリーとしてまとめたり関係づけて理解するといった力（概念化）を身につけていくことも考慮していきましょう。そして,ダウン症児が比較的得意とする「目」で見て「手」で表現すること（絵などからの理解や身振りが上手なこと）から,「耳」で聞いて「口」で表現するという手段も少しずつ確立していくことが重要です。学校生活では,「よく考える」という過程が入ってきます。あいちゃんの「やりたい」という意欲を大事にしながら,「ちょっと待って考えてから…」という動きができるようになれば,『ことばの世界』が縦や横にも拡がります。それぞれの子どもの認識面の発達といった個人差に合わせて指導していきましょう。

2）発音・発声・ことばの誤りの問題
──間違いを指摘せず,しゃべりたい心を大切に

あいちゃんはいろいろなことばを話すようになりましたが,言いまちがえることばがいくつかみられました。それも,決まってラ行とサ行,それに「ツ」でした。たとえば,「テレビ」を「テ・エ・ビ」,「つくえ」を「チュ・ク・エ」と発音します。何度言い直させても同じでした。あいちゃんにとっては大人が言う「テレビ」を「テ・エ・ビ」としか聞こえていないようです。これは,「音（おん）」に対する聞きとりの未熟さ（子どもによっては聴覚障害の可能性もあるので検査する必要があります）からくるもの

で,『音節分解の未分化』(細かい音の分析機能が未熟,一音ずつの区切りがまだ不十分)なため,単語を「ひとかたまり」のことば(音)としてとらえているのです。また,他のダウン症児では,ひとつずつの音(「テ」・「レ」・「ビ」)は言えるのですが,続けて言わせると「テ・エ・ビ」や「テ・ビ」になってしまう子どもがいます(ある音が抜けてしまう：省略)。他にも,置換と言って「デンシャ」を「デンチャ」と他の音に置きかえるパターンがみられます。

　あいちゃんの場合は,字(ひらがな)が読めるようになると,徐々に改善されていきました。一つひとつの字に対応して「音」があることがわかり,文字を読むことによって言えるようになりました。だから,ことばが話せるようになって,二語文,三語文以上を話すようになって,音の省略や言いまちがいがみられても,修正させる必要はありません。ひらがなが読めるようになると,少しずつ「音」の違いを認識するようになります。同時に,耳での聞き分けの発達も進みます。

　しかし,聞きとりの未熟さではなくて,発音(構音)の障害のある子どもが多数みられます。年齢の高いダウン症児の言いまちがいや発音の不明瞭さは,ほとんどが構音障害とされています。その指導法は難しく,ダウ

ン症児への有効な手だてはまだ確立されていないといえます。常に子どもへのことばかけは,「ゆっくり」「はっきり」,しかもここが難しいのですが,「優しく」言ってあげる必要があります。「矯正されている」という意識を子どもに持たせないように指導することが大切です。何度も注意したり,言い直しをさせて,子どもの「話したい」という意欲を損ねないように気をつけましょう。

　また,あいちゃんの声は『かすれ声』で少々聞きとりにくいことがあります。ダウン症児にはあいちゃんのように『かすれ声』の子が多くみられます。

　他にも,この時期のダウン症児は話しことばを使えるようになってもさまざまなことばや発声の問題がみられる子どもがいます。たとえば,3年生のてるくんは,とても体が小さく何ごとにも臆病で引っ込み思案のところがあります。お家でお母さんや妹とお話をするときはとてもはっきりと意思表示をしたり大きな声を出すことができます。しかし,学校では,特にみんなの前で発表するときや知らない人の前では,緊張が高まりはずかしがって極端に声が小さくなります。ひどいときは,ささやき声になったりして咳込んだりします。これは,精神的な緊張が高まるせいです。ダウン症児には,環境の変化や自分のおかれている状況に非常に敏感な子どもがいます。徐々に慣れさせていくことが大切です。お家でできるんだから,その他の場所でもがんばろうというのには少々無理があります。お家や慣れた環境で発揮できることを,その他の場所でもうまくやれるというのは,発達のひとつの大きなステップが必要です。大きな声を出すためには,姿勢よく背中をのばして,顔を上げて発声しなければなりません。最初は,みんなの前で小さい声で話をしても,顔を上げていればほめてあげましょう。

　9歳のけんちゃんは,話しことばは二語文程度です。最近とても語彙が増え,周りの人にいっぱいお話をしたくてしかたがありません。しかし,人に何かを伝えたいとき,語尾だけを強調して話すため,その単語がよく聞きとれないことがあります。たとえば,「…さい（ください）」のように単語の最初の音はモニョモニョと言って,語尾の音のみ大きく発音します。

お母さんや家族は、いつも聞き慣れており、前後の状況やその場の雰囲気から判断して理解することができます。しかし、いつも接していない人には聞きとりづらいことがあります。そんな時、お母さんや先生が、「ゆっくり！」「はっきり！」と言い直しをせまってしまうと、けんちゃんのお話をしたいという欲求をつんでしまうことにもなります。話すことにコンプレックスを感じてしまう心配もあります。こうした語尾だけを強調したり、早口や吃音のような、ことばの流暢さ（りゅうちょう）、リズム、速度の側面での特異性は、「ことばを発する流れの障害」と言います。ダウン症児の中にはこのような障害のある子どもがとても多くみられます。これらの原因は、発語器官の働き、特に巧緻性（こうちせい）（細かい動き）に問題があると言われています。つまり、口の周辺の運動や舌の動き、呼気（息を吸ったり吐いたり）の調節などがうまくないからとされています。口の動きや働きを高めるトレーニングや指導も必要ですが、子どもにとっては難しい課題なので、遊びながら生活の中で自然にとり組むようにしましょう。これらについては、8章で詳しく紹介したいと思いますが、むやみに言い直しをさせずに、正しい発音や発声をして子どもに返してあげましょう。問題点ばかりに目を向け、それを矯正していくのではなく、子どもを評価してあげ、良い方向に導いていきましょう。

3）文字の習得

a. ひらがなの読み

文字言語、なかでも最初に覚えるひらがなの読み・書きについてあいちゃんの様子を紹介します。保育所の終わり頃から、興味を持って遊んでいた「カルタ」や「五十音の積木板」から、先生があいちゃんの名前をとり出して並べてあげました。はじめは何のことだか知らんぷりしていたあいちゃんが、自分のげた箱に書かれた名前の文字を一字ずつ指さして、「あ・い」と声を出しました。それまでのあいちゃんは、ロッカーの自分の名前はわかっていましたが、それは あい という2文字のかたまりを

「形」で認識していただけでした。「あ」と「い」の各々の文字に音があり，続けて読むと自分の名前になるというのはカルタ遊びをたくさん経験してからわかるようになりました。それから，お母さんや先生が少しずつカルタに描かれている絵の名称を言いながら，ひらがなを並べていくと，自分でも遊びながら並べるようになりました。そして，3年生頃から自分の名前以外の身近なものの名称を少しずつひらがなで並べたり，読めるようになってきました。

　b.　描く，書く

　保育所時代からなぐり描きをしていたあいちゃんは，この時期には黒板，壁，床など所かまわず描き込むことを楽しむようになりました。そこで，しっかりした縦線や横線，○を描くように学習を進めていきました。保育所時代は，大きさも形もまちまちでくずれていましたが，徐々になぞり書きをしたり，点と点を結べるようになってきました。こうした過程には段階があります。先生やお友達と遊びながら，さまざまな教材に触れていき，「注意深く見る」「ペンを操作する」「線や点を意識する」などのステップを踏んで学習を進めていきました。3年生のあいちゃんは，まだ，ひらがなの字のなぞり書きは上手にはできません。書く能力には，線や形の認識，図形をよみとる能力や手指による操作能力（ペンをしっかり握り操作する力，手と目を協応させる力）などが必要とされます。これらの能力は，幼児期からの積木遊びや型はめ遊び，なぐり描きなどを十分に経験していないとできあがってこないものです。すべて生活や遊びの中で，子どもの意欲を引き出していく形で段階をおって進めましょう。

　子どものかかえている発達の課題や支援ニーズはそれぞれ違います。一人ひとりの子どもの持っている能力もまた違います。子どもに合ったスタイルをみつけてあげて，実態に応じた指導やプログラムが必要です。

2 指導プログラム

遊び 10　音楽に合わせて──動きの模倣とリトミック

●ねらい

音楽や楽器，合図に合わせて楽しく体を動かしながら模倣する力を養います。合図や歌をよく聞き，それに合わせて体を動かしましょう。

■内　容

ホールのように広めの場所で，大人や友だちと一緒に輪を描くように動きまわります。大人が「プー」とラッパを吹いたら，スタートします。最初は，走るだけでもいいでしょう。そして，「ピー」と笛を吹いて，ストップします。この際，お母さんや先生は，「とまれ！」という声かけもしましょう。その繰り返しを何度も行い，子どもに走ったり止まったりする動きを模倣させましょう。また，CDを使いテンポの早い曲がかかったら〔走る〕，ゆっくりした曲は〔歩く〕など，音楽に合わせて体を動かしましょう。留意する点として，楽しい雰囲気をつくってあげることが大切です。教え込もうという姿勢は捨て，子どもと一緒に遊びながら，自然な状態で模倣を誘導しましょう。そして，徐々にいろいろな曲や楽器による合図を増やして，〔四つ這い〕〔高這い〕〔しゃがみ歩き〕〔寝たり起きたり〕のように，動きに変化をつけていきましょう。

模倣が上手になると，それに伴って対人関係や見て操作する力が向上します。合図によって，しっかりと体の各部位（指，手，足，頭など）を意識して動かすように遊びましょう。最初はただの模倣から歌詞やことばかけの内容に着目していけるようになり，それがいろいろなものへのイメージの拡がりへとつながります。

◆展開例

　・楽器遊び　・イスとりゲーム　・フルーツバスケット

遊び 11　人形遊び──くいしんぼう怪獣バクバク

●ねらい

　人形を使ったやりとり遊びをする中で，〔食べる〕という活動を「概念」として覚えます。〔食べる〕という行為に伴う動作語や形容詞を増やすことがねらいです。

■内　容

　①口がパクパクと動く人形（くいしんぼう怪獣バクバク）をお母さんや先生が動かして，身近な食べものを口に入れるごっこ遊びをしましょう。子どもにも食べものを持たせて口に入れて食べるふりをしながら人形と遊びましょう。この時，食べられないもの（靴，お皿など）も用意し，人形の口に入れてみせ「これはたべられませーん」「バツー☒」と言って吐き出させたりします。子どもは正しいことよりも間違えた行為の方を楽しむことがあります。「間違えちゃったね」と楽しく遊びましょう。②この時，ままごと遊びのようにルールをつくって，「ちょうだい」「いただきます」「おいしい」「まずーい」など，食事のときに使うことばを真似したりタイミングよく言わせるようにしましょう。

　次に，③絵カードも具体物と同時に前におき，人形が食べたものの絵カードをひっくり返していきます。そして，「食べたものなーあに？」と質問して人形が食べたもの，食べられなくて吐きだしたものを覚える学習もしてみましょう。人形と子どもがやりとり遊びをする中で，〔食べる〕という概念を楽しく自然に覚えていきます。ここでは，〔食べる〕という動作語でしたが，同様に飲む，乗る，遊ぶ（飲みもの，乗りもの，遊具）なども遊びながら教えていきましょう。

◆展開例

・より抽象化した紙芝居

・役割や動作の意味を意識した「劇遊び」

遊び 12　配達ごっこ──役割遊び4

●ねらい

　宅配屋さんごっこを通して，「やり・もらい」という立場の違いに気づき，ことばの能動・受動の関係を遊びながら理解することがねらいです。

■内　容

　宅配屋さんを簡単にしたルールをつくって，友だちと一緒に行うゲームです。最初は先生が見本を見せてあげたり，リードしてあげましょう。届けるものを用意して，子どもに「○○ちゃんに持って行ってあげてー」と頼みます。この時，自転車やゴーカートに乗って持って行くようにしてあげると，遊びの楽しさが増して意欲的に行えます。お友だちのところに到着して，ものを手渡し「どーぞ」と簡単なことばを言うようにしましょう。手渡されたお友だちも届けてくれた子どもにハンコやシールを貼ってあげ，「ありがとう」とことばを添えて返すようにしましょう。遊んだ後で，先生は「だれにあげたの？」「だれにもらったの？」と質問しあてっこをしましょう。この時，「だれ？」すなわち人（友だち）を意識させることと，「あげた←→もらった」を確認することが大切です。「ちょうだい」「あげる」という行為は日常的にやっていることですが，ことばにして「あげた－もらった」を理解することや話すことはダウン症児にはとても難しいこととされています。遊びの中で，徐々に教えていきましょう。

　また，宅配屋さんごっこも，簡単な注文書（メモ）を作って，それを見て届けたり，ドアとベルを使ったり，「こんにちは」「○○ちゃんのお家ですか」「これ持ってきましたよ」などと，その場面に合ったことばを設定して遊ぶと楽しさが広がります。初めは，先生の真似をして話していた子どもも，自然に自分から場面にあったことばを話すようになります。

◆展開例

　・借りもの競争　・レストランごっこ　・電話ごっこ
　・バスごっこ　・郵便屋さん

生活 10　お口を使って4——吹く

●ねらい

　ストロー遊びやローソクの火の吹き消しなどにより，初歩的な発声・発語のための唇の動きや口の形を練習しましょう。

■内　容

　ストローには，「吸う」「吹く」という動作があります。吸うのはジュースや牛乳などを飲むときになるべくストローを使って飲むようにしましょう。できない子どもには，短めのストローを使います。それをコップに差し込み，ストローの中に入ってくるわずかな量の水を子どもの口の中にちょっとずつ流し込むようにして，ストローを使って飲む感覚を教えてあげましょう。逆に，「吹く」遊びは洗剤を混ぜた水を洗面器などに入れて，ストローでブクブクと吹きましょう。息を吹き込むたびに泡が増えていき，とても楽しく遊ぶことができます。ストローをくわえる唇はキュッと結ばれていることが大切です。ストローに息が全部うまく吹き込めず，横からもれていることもありますので注意しながら遊びましょう。いろいろな大きさや長さ，太さのストローを用意してください。息がもれないようにするのは難しいのですが，2本をいっぺんにくわえて吹くのもおもしろい遊びです。

◆展開例

　・ハーモニカ遊び
　・しゃぼん玉
　・風船つくり遊び
　・鏡による口や顔を動かす遊び

生活 11　お手伝い3 ── 3つの用事

●ねらい

　ことばによる指示を聞き，3つのお手伝いを忘れずに行うようにします。指示された順序通りにお手伝いができることがねらいです。

■内　容

　お家の中や学校で簡単なお手伝いを3つ子どもに頼みましょう。具体的には，「電気をつけて（消して）！」「ドア（窓）を閉めて！」「ノート（本）を持ってきて！」など子どもがすでにできることです。それぞれのお手伝いはしっかりできても，3つを同時に言われると混乱したり忘れたりして難しくなります。できない子どもへの指導として，絵カードや写真を準備し，見て覚えさせてから行うようにしたり，指示した内容を復唱させたりするとよいでしょう。絵カードもずっと並べておいてあげると，忘れたときに子どもが戻ってきて再び見ることができます。復唱のときは，なるべく短い文で言わせてあげましょう。たとえば，「電気」「ドア」「ノート」などのように動作語を省略して言ってあげたりします。上手にできるようになってきたら，絵カードの提示も，子どもに指示を出すときのみとし，その後はかくしてしまいます。

　3つのお手伝いが忘れずにできるようになったら，次に，指示された順序通りにやってみるようにしましょう。「1　窓を閉める」「2　ゴミを捨てる」「3　イスを机にあげる」などのように順番の数も言ってあげましょう。この順序通りに行う課題になると，ダウン症児に多い数概念や記憶力の弱さから困難な子どもも出てきます。日常的に「①番に○○をして，②番に△△をして，③番に□□をする……」という習慣をつけましょう。このことは，これからやる自分の行動を常に頭に思い描いて，計画的にやるという大切な能力を育てることになります。また，言語能力を育てることの重要なキーポイントでもあります。行為そのものは簡単であるお手伝いを，「記憶する」「順番通り」という苦手な学習に使っていきましょう。

生活 12 「今日何したの？」——過去の報告

● ねらい

　自分が今日（または過去）経験したことを，どこで（場所），だれが（人），何をした（動作，行為）を意識して話すようにします。さらに，いつ（時間）も意識するようにすることがねらいです。

■ 内　容

　学校や近所で遊んだことをしっかり覚えていて，整理して話ができるようにしましょう。最初の段階では，実物や絵を提示したり，先生が動作で表現してヒントを出してあげて，今日あったことの話題の中心を教えてあげましょう。ここでの子どもの仕事は思い出すことです。文は先生がつくって子どもに復唱させましょう。二語文程度の文がよいでしょう。子どもの記憶が断片的であったり，ことばやジェスチャーによる表現が未熟でも，子どもの側からの表現したいという意欲を認めてあげ，徐々に内容を引き出していくようにしましょう。

　ほとんどの子どもは，初めのうち，「バスあった」「食べた」などものの名称をならべたり，動作語一語のみの報告です。そこに，「どこで？」や「だれが？」などと質問して，もう一語つけ加えてあげるようにしましょう。そして，二語文をつくってあげ，繰り返し言わせるようにしましょう。

　文章を発話させる場合は，主語－述語などの文章を組み立てることを意識させて指導していきましょう。三語文程度が適当です。無理して長い文を言わせることは，単なる復唱の学習になってしまい，子ども自身が「考えて話をする」という基本的な発話行為の原理を見失ってしまうおそれがあるのでやめましょう。話す内容は，最初は1時間前のことを話す。それができるようになったら，半日前のこと，昨日のことと徐々に過去のことを話題にしていきましょう。

　また，大人との一対一の関係で報告ができるようになったら，他の人の前や小集団で発表するような形式でできるようにしましょう。

課題 13　手指を使った遊び4 ── 絵本・図鑑づくり

●ねらい

絵本づくりを目的にして，切り抜く，色をぬる，貼るなど手指で道具を上手に使うことをねらいとします。

■内　容

広告などから写真や絵を切りとって，スケッチブックに貼っていきます。色ぬりをしたり，分解して貼ったり，そこに字を書き加えたりして（そのものの名前や作文など），子どもの好きな写真や絵で「自分用の絵本」やちょっとした「図鑑」が楽しみながらつくれます。

つくり方・遊び方は，まず初めに線の通りにはさみで切る→大きな絵は半分や3つくらいに切って分解しておいて，子どもに「絵あわせ遊び（パズル）」をやらせる→あわせた絵をのりやセロテープで貼る→絵などは線にそって色ぬりをする→何の絵かをひらがながわかる子は書きましょう。まだしっかりと字を覚えておらず，なぞり書きの段階の子どもでも，点線でお母さんや先生が前もって書いておいてあげて，それをなぞるようにしましょう。「自分でつくった」という達成感を味あわせることが大切です。

▶ひらがなを覚えるには，細かい線や形をしっかりと意識して認識できる能力が必要です。はさみで切る学習や線の通りに色ぬりをしたり，単純な形や線のなぞり書きを十分に行い，読みの学習と平行して行いましょう。最初は，自分や家族の名前がよいでしょう。

▶のりづけは，一見簡単そうに思える活動ですが，裏側にのりをぬって，ひっくり返してから貼るという細かい指先の操作が必要な高度なものです。また，裏と表の関係という空間関係の認識も必要で，図形や文字の線や形を正確に認識するためにとてもよい学習です。

◆展開例

・写生　・日記　・手紙
・簡単な作文（絵や写真を見ながらの二語文程度の観察文）

課題 14　ひらがな遊び──見る・読む

●ねらい

絵カードカルタ，五十音積木での遊びを通してひらがなに興味を持つことをねらいとします。

■内　容

ことばを覚えていくとき，耳から聞いてとらえるよりも，目で見て理解する方が覚えやすい子どもがいます。ダウン症児は，すぐに消えてしまう音声で言われるよりも，文字のように目でしばらく見ていられるものの方がとり入れやすいという傾向があります。こうした子どもたちには，就学前から文字（ひらがな）を教え，絵カードなどと結び付けるような指導がしばしば行われています。

初めは，本当に初歩的なカルタ遊びから始めましょう。絵つきのカルタで遊ぶ中で，「りんごの『り』だね」などと少しずつ子どもに注意を向けさせるようにします。ひらがな文字カードも準備し，「りんご」のカルタであれば，絵の上に書かれた「り」と大きな文字カードの「り」のマッチングの学習をしましょう。また，自分の名前（たとえば「あい」）のようによく見るひらがなを提示したり，ならべっこ遊びをしましょう。どんな文字から教えていくかは，子どもになじみ深い文字からがよく，次に「し，つ」などの比較的簡単な形の字，徐々に「あ，ぬ」など複雑なものへ移行していきましょう。

◆展開例
　・絵本　　・紙芝居
　・パズル

課題 15 「この音な〜に？」──音あて遊び

●ねらい

　さまざまな音に注意深く耳を傾け，聞き分ける力を育てます。聞き慣れた楽器の音をあてっこする遊びです。

■内　容

　子どもがよく遊んで，聞き慣れている楽器の音をならして，音のあてっこ遊びをします。子どもから見えない場所（カーテンや幕，ついたてでかくされたところ）で，楽器をならして，「この音なーんだ？」と質問します。わかった子どもには，その楽器の名前を言って答えさせます。正解できても，確かめてみることが大切です。答えた楽器と同じものを手にとらせて，自分で扱って音を出し，その音が先生がならした音と同じかどうか確認させましょう。わからない子どもや楽器名を言えない子どもには，楽器をいくつか子どもの前に並べておき，「先生がならしたのはどれかなあ？」と選択させるようにしましょう。ついたてで見えないようにしながら，子どもと先生が交互に楽器をならしてみて，同じ音かどうか確認させましょう。音への注意力を高めるためには，こうした遊びをたくさん行い，よく聞く「耳」を育てましょう。また，楽器だけでなく，人の声や電車などの聞き慣れた音を録音して，音あて遊びをやってみましょう。学習面で，わからなかった子どもでも，電車に乗るときや電話でのお父さんの声などを集中して聞くようになったりします。楽しく子どもが意欲的に活動することを通して，さまざまな生活の中で身につけた能力を使うことが大切です。お母さんと一対一で向かい合ったときは，うまくできなくても，学校や他の場面で，「これ知ってるー」と目を輝かせて興味を示してくれる姿を育てましょう。

◆展開例

　・マイク遊び　　・動物鳴き声遊び
　・しりとり遊び

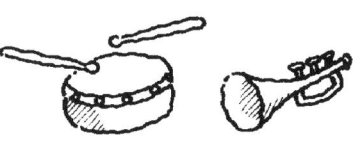

課題 16　これな〜に？――クイズ遊び

●ねらい

　大人とのクイズ形式（質問－回答）による楽しいやりとりの中で，〈考えて→話す〉を自信を持ってできるようにします。〈聞いて→話す〉，〈見て→話す〉という活動を遊びながら行い，ゲームの中でさまざまな認識力を高めましょう。

■内　容

　子どもはテレビの楽しい番組を見て，その真似っこをしたり遊んだりするのが好きで喜んだりします。クイズ遊びではテレビのクイズ番組を真似て，回答権を得るときのボタン（「ピンポン」となるチャイム）を準備し，先生がクイズを出してあてっこをする遊びです。「これ，なーんだ？」や「〇〇は何でしょうか？」と先生が問題を出して，子どもがボタンを押して「◇◇だあー」と回答します。正解のときは「ピンポン！　ピンポン！　あたりです」と，間違いのときは「ブー。違いまーす」と言ってあげましょう。はじめは，このパターンを子どもに覚えさせます。

　問題には，見る問題と聞く問題をつくります。聞く問題については，プログラム－課題15－を参考にしてください。見る問題は，身近なもの（食べもの，乗りもの，お家にあるもの，動物など）を絵カードや写真で準備し，最初は全体を見せて「これはなーんだ？」と質問します。それが回答できるようでしたら，絵の半分をかくして見せて，部分から全体を推測させて答えさせたり，輪かく線だけの絵を提示してあてっこをしたりします。つまり，絵や写真を少しずつ難しくしたり，抽象性を増したものを提示して，よく見て考えて答えるようにしていきます。どんどん子どもができるようになったら，ものや動物を描いた絵から，動作をしているところや風景などにかえてみましょう。クイズ形式ですので，どんな課題にも発展できるでしょう。

◆展開例

　　・絵の叙述（説明）　　・絵画配列（時間をおって）

Ⅲ部

ダウン症児指導の実際

8章 構音の不明瞭なダウン症児の指導

1 あっちゃんの様子

　あっちゃんは、現在小学校5年生の女の子です。自転車に乗って、友だちの家に行きファミコンをしたり、友だちと2人だけで、遠くの公園まで出かけ、夕方までたっぷり遊んで帰ってきます。あっちゃんとは1歳の頃からかかわってきました。もう10年のおつきあいです。ダウン症児の皆さんは、早期に診断がつきやすく、療育に対するご両親の考えも比較的明確ですので、10年以上のおつきあいをしていることはそう珍しい話ではありません。

　あっちゃんと同い年で、やはり10年のおつきあいの一郎君は小学校に入る時期に冷蔵庫に けちゃっぷ と書いてカードを貼ってあげたところ、それをきっかけに、不明瞭に聞こえることばに文字をつけて読むことで、構音が明瞭になっていきました。2歳半頃、わかっているのにことば数の少なかったアミちゃんは、4歳で幼稚園に入ってから、あっという間にたくさんお話するようになり、おまけに構音もきれいでした。9歳で私の前に現れたノンちゃんは、たくさん話してくれるのですが、相手には何を言っているのかさっぱり伝わらず、「オ」で始まることばの多くが言いにくそうで、詰まってしまうので困っていました。そうした子どもたちを前にして思うことは、それぞれの子どもたちの持っていることばの問題は、「ダウ

ン症児の話しことばの問題」として一律にくくって考えられるほど単純ではないということでした。

　しかし，構音の発達には，ダウン症児が共通してもつ問題点があり，この章の中に参考になる点があれば幸いです。また，ところどころにあっちゃんのお母さんが書いてくださった文章を入れさせていただきました（お母さんの文章は『　』でくくり，少し小さい文字で表します）。あっちゃんとの10年をお母さんはどのように考え，育てられてきたのか発達や指導と関連させて，とらえてみました。

1）誕生から心臓の手術まで

　あっちゃんは，お母さん35歳，お父さん42歳のときの第一子として生まれた女の子でした。妊娠中や出産にも特別の異常はなく，出生時体重も2950gとよかったのですが，心内膜床欠損症という病気をあわせもって生まれました。生後１年の間は病院と家庭とを行き来する生活でした。１歳になった頃，保健師さんのすすめで，東京都立Ａ療育園の門をたたくことになりました。当時は，日本でもダウン症児に対する早期療育が叫ばれ，海外からいろいろな研究者がやってきて，各地で講演をし，ダウン症児に携わっている指導者，学者や，父母たちに大きな影響を与えました。Ａ療育園でも，その２年ぐらい前から，ダウン症の乳幼児を集めて，グループをつくり，多職種のスタッフがかかわって，より効果的な療育をしようという試みを開始していました。

　あっちゃんは，グループ指導を１歳から４歳半まで月２回から４回受けました。主な指導の内容は，年齢の低い時期は，運動発達，認知発達，母子関係の改善といった，いわば全体的な発達を目指し，さらに家庭でもよりよいかかわりを持てるようにすることを主なねらいとしました。年齢が高くなるにしたがってしだいに，認知面，巧緻的な運動能力，表現，理解へと子どもの障害にかかわる内容に変化していきました。グループの中でのあっちゃんは，おとなしくて，内気で，皆の行動を見ているだけ，とい

うことが多く，家とはかなり様子が異なり，スタッフやお母さん泣かせの一面ももっていました。そのため指導は，時間をかけて緊張を解きほぐしながらすすめなくてはならない子どもでした。

　この時期のあっちゃんのことばの様子は，1歳後半から，パパ，ブーブー，マンマン，など唇をあわせてつくる音（両唇音）をよく使い，意味を持っていることばと，アーアー，ワーワー，ジャジャ，などの音を言って，楽しんでいるようでした。同時に，だっこしてもらっているときに，指さしで行きたい方向を示したり，お菓子の入った缶の場所をさして要求したり，絵本で知っている動物を教えたりもするようになっていました。2歳になると，葉っぱをパッパ，バナナをバ，せんべいをベー，バスをブーブー，といくつか意味としっかり結びついて発せられる音も増えてきました。3歳頃には，ことばを2つつなげて二語文で表現することが盛んになりました。けれども構音は不明瞭で，タ（ダ）行，パ（バ）行，マ行，ナ行，カ行の一部，それに母音が聞こえるにすぎませんでした。4歳10ヶ月で実施した構音検査（日本聴能言語士協会ほか編「構音検査」より）では，50語の単語のうち，正確に言っているように聞こえたのは，「イヌ」の1語のみでしたが，残りの単語のほとんどは，音の数や，イントネーションはあっていて，たとえば，「デンワ」を「エーワー」，「ズボン」を「ンボン」，とあっちゃんなりに，ことばの持つ響きを受け取って，上手に話している様子が見受けられました。

　4歳11ヶ月の頃のあっちゃんの言語発達について，当時の報告書から抜粋してみましょう（主治医あて報告書より）。

報告書

　　前年度のグループD（4名）を経て，今年度から個別指導を月に1回の頻度で実施し，経過を追うこととなりました。現在の言語発達ですが，言語理解面では，動詞，名詞，位置関係を示すことばや，物の用途などの理解は良く，名称を聞いて絵カードを指差すこともできます。しかし，数や

曜日の理解，左右の区別，少し長めの指示に従うことは困難で，物語や読み聞かせの絵本への興味もこれから伸びていくと思われます。言語表現では，二語をつなげた会話が中心で，応答もスムーズです。けれども慣れない人，場面ではほとんど話してくれないことが多いです。「だれ」「なに」などの疑問詞をよく使っています。動詞の理解は良いのですが，使いこなしとなると限定されます。色名，数唱も少し出てきていますがこれからです。構音は不明瞭でわかりにくいものがあります。カ行，ラ行，サ行などが，タ行に置き換わり，ハ行が省略されるなど一貫性がある誤りが出てきました。しかし，現状では特に構音障害を指導するのではなく，全体的な言語発達の様子を見ていきたいと思います。なお，グループ指導では大変におとなしく，こちらの質問にはほとんど口頭で答えてくれませんでしたが，個別指導ではわかっていることについてはハキハキと見違えるほどよく答えてくれます。

4歳半で，あっちゃんは幼稚園に入園して，たくさんのお友だち，新しい経験を得ました。クラスは29人で，副担任の先生がついてくださいました。疲れすぎないように，自由にさせてもらっているとのことでしたが，お友だちとコミュニケーションがうまくいった日は調子がよいなどと，そろそろ，ことばの問題が見えかくれしてきました。今まで家庭の中で，何不自由なく育てられてきましたが，幼稚園という「社会」では，やはり正確に自分の意思が伝えられないといろいろな不都合が出てきてもしかたのないことだと，親子で体験したのです。「少しでもことばが明瞭になって相手に伝えられないだろうか。言語指導をしてもらいたい」といったことが，きっとお母さんの胸中に何回も去来したのだろうと思います。しかし，私は特別に構音障害の指導はしないと，報告書に書いています。もう少し，言語発達が伸びるのを待ちたいと。

構音障害の指導は，いつから，どのような場合に開始すべきか，ということについて，ほとんどの教科書は健常児の4歳頃としています。それは

「すなわち言語発達，知的発達，社会的成熟などの側面で訓練開始は（引用者挿入）4歳前後であることをさすが，以下のような点から経験的に行っているものである。まず，4歳頃まで固定している構音の悪習慣は自然治癒の可能性が低く，構音訓練を行わないと治癒しない例が多いこと，子どもが治療者の指示にしたがって次項の構音訓練プログラムに示すような課題に30分以上集中できるのは社会的成熟の面から4歳頃であること，（中略）一般に，系統的な構音訓練においては，患者自身に十分に高い意欲がない限り，効果を期待することができない」（福迫陽子ほか編　1983『口蓋裂の言語治療』医学書院）という理由によるものです。あっちゃんのように，精神運動発達の遅れを多少とももっている子どもの場合は，すべてこの教科書通りで説明することはかないませんが，参考とすべき内容だと思い，この時点で私は構音指導の対象とするかしないかの判断の根拠としました。

　その年の9月に，心臓の手術のための検査入院やら，手術やらで半年ほどこちらには来られなくなりました。手術は無事成功し，医者も驚くほど順調に回復しました。

2）小学校の選択

　最近，普通の小学校に入学させたいと考える保護者が増えています。その方たちのほとんどは，健常児と同じように過ごす経験が社会に出たときにきっと役立つであろう，ここまで地域の皆と過ごしてきた（保育園，幼稚園など）のだから，できる限り長くいっしょに過ごして，互いに影響し合い，学び合っていきたい，とおっしゃいます。もう一方の選択肢である特別支援学級や特別支援学校は，ご自分のお子さんにピッタリしない，ことばの話せる子どもがいない，というのが選ばない理由となっています。あっちゃんのご両親は小学校の選択について，どのようにお考えだったのでしょうか。

8章　構音の不明瞭なダウン症児の指導

『伸び伸びとした学校生活が出来，楽しく明るいものになるように，が何よりも両親の願いでした。本人の性格から，これ以上健常児と一緒の生活（普通の幼稚園に2年間在籍）は，本人の気持ちも行動も萎縮(いしゅく)させてばかりで良くないのではと思い，特別支援学級へ入学することを選びました。（中略）運動の能力が遥かに違ってきて，自分がやってみようと思い行動を開始するその前に，周りの子の思いやりが先に立ってしまって，動いてくれてしまうことで，人に頼りがちになってきている。（中略）自分のペースに合わせて指導が受けられるように，ゆっくりでもいいから，確実に吸収させてやれたらいいな，と思いました。（中略）周囲の動きが早くて，自分を守ることのほうにばかり向かわせてしまい，心がうまく開けない。（中略）健常児との生活環境が本人にとってみれば，先生やお友だちとあわないからということではなく，専門的な知識を持った先生に預けることの方が，本人の持っている力を少しでも多く引き出してもらえるのではと思ったことが特別支援学級の選択の理由です』

私はこの文を読んで，とても感心いたしました。それは，あっちゃんの目の高さでいろいろ悩み，将来のことを案じられていたからです。あっちゃんの性格を見抜いたうえで，本人のペースを大事にしようという考え方が素晴らしいと思いました。ことばそのものについての記載はありませんが，この文章の中から，あっちゃんのコミュニケーション能力をもっと育てていこうとする気持ちが読み取れました。何よりも自分から相手に表現しようとする気持ちが十分に育たなければ，また，話そうとする内容が組み立てられなければ，この章で問題とする構音障害についての指導は開始されません。その頃のあっちゃんは，家では相当いろいろなことを伝えていたようですが，幼稚園や，私の前ではほとんど話をしてくれなかったのです。話してくれたとしても，途中で聞き返されると話すのをやめて，うつむいてしまうのが常でした。

2　指導の方針とねらい

　ダウン症児のご両親が「構音障害（ことば）について指導をして欲しい」と外来を訪れた際の主訴内容を，時期と発達の状況から整理すると以下の3つがあげられます。
　(1)　1歳半から2歳半頃では，歩行はできるようになったが，まだことばがはっきりしないので，話せるようになるのだろうか。ことばを言えるように訓練をして欲しいというもの。
　(2)　4歳半から5歳半では，就学を控え小学校の選択に影響するので，ことばをもっと明瞭に，あるいはもっと話せるようにして欲しいというもの。
　(3)　8歳から9歳頃では，普通学級に在籍しているが，このところ構音障害のために意思が通じなくて友だちとトラブルが起こりやすくなった。また文字もよく書くが，文を書くときに，自分の言った通りに書くためか，誤りが多いので学習上支障をきたしているというもの。

　こうした主訴をうかがってから，実際の構音の指導に入るには，その前にいろいろとしなくてはなりません。言語発達はもちろんですが，聴覚上の問題はないのだろうかと，聴力や，語音の認知能力（たとえば，「ア」と「タ」の音は異なる，という認識が音を聴いただけで区別する力はあるか）を調べます。構音障害の有無についても，検査をして，ご両親の訴えが客観的にみて正しいかどうか確かめてみます。運動面についてもダウン症児特有の筋緊張や，口腔器官の形状など，いろいろと調べてみると，各部分に大なり小なりの問題があり，症状は複合的で，指導の方針を立てることが難しいのです。

　これまであまりダウン症児の構音障害について手を付けられていない，あるいは手を付けても，あまり効果がないからやっていない，というのが私のまわりにいる言語指導の専門家の正直な意見です。一言で言えば，ダ

ウン症児にとって構音障害に対する画期的な指導法は発見されていないということなのでしょう。

(1)(2)(3)の訴えをもって訪れたご両親のほとんどは,「そのことについて今,十分にお応えできるようなサービスはありません」と言われて,お帰りになることが多いと思います。私自身,何人もの人にそういっておことわりした経験があり,しかたがないなあと思う反面,本当にそうなのだろうか,と疑問を抱き続けました。画期的な指導法がない,という意味では,まったく障害は異なりますが,脳性まひの子どもたちの構音障害も同様ですし,その他の精神運動発達遅滞児の多くが抱えている問題でもあるのです。

一般的な言語指導のイメージとして,皆さんが持たれるのは,「発音の矯正」ですので,どんな子どもたちにでも「ア」と言わせる方法を教えさえすれば,「ア」は言えるようになると思われていますが,そんなに簡単に教えられることではありません。ただ,私は,あっちゃんのように小さい頃からダウン症児といっしょに遊んだり,指導させていただいておりますので,構音障害を軽くする,あるいは未然に防ぐ手立てはないものかと,常々考えるようになりました。私のところに訪れてくださる,その他の疾患の子どもたちの経験が生かされないかと,ある試みを開始しました。

③ 指導の方法と経過

あっちゃんが1年生になる頃,私のところでグループ指導卒業後のフォロー(経過観察,指導を目的とした個別的な指導)を受けていたダウン症児の中で,同じく1年生になろうとしていた子どもが他にも3人いました。4人とも,地域の特別支援学級に入ることになっていました。そこで学齢に入った子どもたちの,構音の発達を追ってみよう,そして何が原因で構音障害になってしまうのか,あるいは改善がみられないのか,援助できないか考えてみることにしました。この頼りない発想を正直にお母さんたち

に話し，了解を得まして，年長さんの3月から，構音の改善に焦点を当ててフォローを開始しました。当面は3ヶ月に1回の割合でしたが，しだいに，子どもによって2～4ヶ月に1回ぐらいの割にかえていきました。

　以下に，ビデオや記録からおこしたあっちゃんの様子と，それに対する私の働きかけの内容を示したいと思います。

1）構音障害の口腔器官の働きの様子（6歳6ヶ月の頃）

　あと1週間で新1年生。2語から3語のことばをつなげておしゃべりしています。とても早口で，話したいことが次々とある，といった感じですが，明瞭さに欠け，こちらには一体何を言いたいのか，よくわかりません。単語，音節で調べてみると「ミカン」を「ミタン」，「ネコ」を「ネト」，「ゾウ」を「ドウ」，「チョウチョウ」を「トウトウ」など舌の奥を盛り上げて，口の中の天井の奥の方（軟口蓋）につけて破裂させたり（「カ，ガ」行音），舌の先を歯の裏側につけて擦ったりする音（「サ，ザ」行音や「チ，ジ」）が，みんな「タ，ダ」行音に置き換わっていることに気づきました。その他にも，「ハ」行音の省略とか，音節では言えても，単語や文章になると言えなくなったり，他の音に置き換えて話してしまうことがありました。単語でも，音節でもきちんと言えているのは，「パ，バ，マ，ナ，タ，ダ」行と母音で，その他の音については正しく言えるときと，言えないときがあり，まだまだ全体の未熟な構音状態であると思われました。

　少し口を開いてもらい，舌の先を舌圧子（アイスキャンデーの平らな木の棒をやや太めにしたもの）で前の方から奥の方に押してあげると，「キ」や「カ」などが出ました。けれども，ひとりでそれをしてごらんと言ってもなかなかできません。舌を出したり，引っ込めたり，左に右に動かすこと，舌の先端に力を入れて，尖らせたり，反対にお皿のように平らにしたり，両側を丸めて細い溝をつくってみたり，舌を自在に扱って，相手の真似をすることはとても難しいものがありました。舌の動きひとつをとってみてもいろいろですが，唇の動きや，ほほの動き，顎の動きはどうでしょうか。

一つひとつの動きが，他の器官の動きに助けられず，単独で動く（分離運動）と同時に，それら各器官の動きがうまく助け合って（協調して）動いているでしょうか。

　日常の私たちの何気ないおしゃべりが，実はこれらの器官の巧みな協調運動のうえに成り立っているのですから，その部分へのアプローチをどのように組み立てたらよいか，と考える必要があります。舌圧子を用いて舌の正しい動き方を覚えたばかりの「カ」行の復習をすることと，鏡を見て自分の舌をいろいろに動かしてみることで，自分の舌の感覚や，運動の感覚を目で見て，動かしてみて感じとることが大事であると伝えました。

　ところで，私たちが，ことばを獲得し，話せるようになるためには，まず呼吸や発音が無理なくできなければなりません。また，三度三度の食事も，正常に嚥下（液体や食物を飲み込む）したり，そしゃく（噛みこなす）することができなくてはなりません。ところが，生まれつき運動障害があったり，精神運動発達遅滞であったり，中枢性の疾患をもって生まれた子どもたちは，呼吸や，食事機能について，問題のあることが多いのです。それらの子どもたちに対して，正常発達を参考にしながら，正常な感覚・運動の経験をさせる必要がある，そうすることで，すでに持っているが未熟な，あるいは未経験で発掘されていない正常な機能を開発し，育てることができる，という考え方があります。つまり，構音障害を運動の面からみるとき，食べ方に問題はないか，あるとすればその問題を，正常発達を参考として解決していこうとするものです。脳性まひ児には近年よく使われるプレ・スピーチという概念ですが，ダウン症児にもこの考え方が使えるのではないか，と思い立ちました。そこで，あっちゃんにも，この考えを用いて，フォローすることにしました。

2）姿勢と食べる機能への働きかけ（7歳3ヶ月から7歳6ヶ月の頃）

　1年生の2学期も終わろうとしています。でも緊張が続いたのでしょうか，このところ少し吃るのが目立つようになりました。会話の明瞭度も芳しく

ありません。この頃の様子をお母さんは次のように書いてくれました。

　　『家族で話をする時,「うーん」とつまったり,「よくわからないけど」と言いつつも話をしようとする行動が出てきました。これは言語が人との会話を楽しむためにもとても必要であると本人が感じてきたためと思われました。妹にも,「このごろ何を言っているか前より良くわかるようになった」とか「上手だね」などとほめてもらったりしたので,自分なりに頑張ってみようという気になったのだと思います』

　あっちゃんの話し方の様子ですが,話し始めに大きく口を開け,顎といっしょに舌を前に出すようにしていました。また同時に顎は左側にスライドし,顎の動きと舌の動きが一体となって,それぞれの分離運動が困難な様子でした。唇の動きですが,特に上唇の動きが乏しく,顔全体の表情も,上の方（上唇からほほ,目,額）はのっぺりとしていて,それより下の方がよく動き表情があるなという感じに見えました。口腔器官の運動については,ほほのふくらまし,唇の突き出し,などいろいろな模倣運動をさせるのですが,できるはずの簡単なことも,つまらなそうに下を向いて,早く帰りたいなあ,といっているようでした。前回はほとんど出ていなかった,「カ,キ」が時々聞こえるようになっていましたので,もう一度復習して終わりました。

　そこで次の回のとき,皆でいろいろなお菓子を食べてみることにしました。ペロペロキャンデー,うすやきせんべい,グミキャンデー,ビスケット,ヨーグルト……それぞれの食物は異なる目的で用意されています。ひとりで食べるのは恥ずかしくとも,皆でおやつをいただくようにして食べ,口腔機能の訓練になるというのですから,あっちゃんも喜んでやってくれました。

　あっちゃんの指導のねらいは,ひとつには,舌運動を下顎の運動と分離させて,もっと巧みに,いろいろな細かい動作を可能にさせること,2つ

には，上唇から上の表情を引き出し，全体の構音の明瞭度を上げること，でした。具体的には，あまり大きな口を開けずに舌を出し，ペロペロキャンデーをなめてみたり（舌の先の方の緊張を高めたり），盛り上がった舌の中央を平らな形にしてそのままできるように，私が指で舌に直接触って舌の筋肉の緊張をとったりしました。また，グミキャンデーや，櫛形に切ったリンゴをガーゼにくるんで噛んでもらい，両唇はしっかり閉じているが，ほほや顎は大きく動いて，表情筋群をよく働かせるようにしてみました。

　これら一連の働きかけをするときは，必ず姿勢に注意しなければなりません。ダウン症児の多くは，背を丸め，下顎を突き出して立ったり，座ったりします。これは，腹筋や背筋などの体の中枢部の筋群の働きが弱いため，背を伸ばし顎を引いた姿勢を保っていることは困難であるからです。このような姿勢で食べたり，話したりする練習をしても，使って欲しい筋肉や，覚えて欲しい新しい運動機能が獲得できません。下顎と頭部を支えて姿勢を整え，オーラルコントロールしながら，同時に，顎の前方や，側方への滑り出しを抑制して上記の指導をしました。グミやリンゴをガーゼで包むのは，そのままだとあまり噛まないで大きいかたまりのままゴクンと飲み込んで，あるいは，意に反して飲み込んでしまって，むせたりのどをつまらせたりといった危険に陥らないようにするためです。

　ダウン症児の中には，固いものを噛むのを嫌がったり，食べ方が速くてほとんど丸のみに近い状態の子どもたちをみかけます。噛みかけの食物を舌やほほで左右にもっていって，十分に噛みこなす経験に乏しいのではないでしょうか。オーラルコントロールをして，よい姿勢をとりながら，舌と顎を強調させてダイナミックに噛ませます。汁をこぼさないように唇をすぼめて吸い込み，飲み込むときには両唇と顎をしっかりと締め，力強く舌を用いるように励まします。食物の種類や，食べ方，飲み方，食器のちがい，大きさなど，いろいろに試して，構音の改善に役立つ工夫を，食べ方から知ることができます。そうして，しだいに介助の手を少なくし，自分自身でよい姿勢が保てるように指導していきます。もちろん，座った姿

勢だけでなく，ゆっくり立ったり，大きいものを持ち上げたり，不得意ないろいろな姿勢・運動を経験させることも，食事や構音の改善に大きな影響をもたらします。

3）歯の矯正と構音障害の改善（8歳1ヶ月の頃）

　2年生の2学期，久しぶりに来室したあっちゃんは，学校の行事の写真を何枚か持ってきてくれました。それを見ながら，言語のM先生と話しています。冗談も言えるようになり，以前よりはきはきし，精神的にかなりリラックスした感じに見えました。開きがちだった口が今日はきっちりと締まり，のっぺりしてみえたほほのあたりが盛り上がり，表情も豊かになっています。何よりも驚いたのは，話すときに，下顎が前方へ滑り出してこないことでした。お母さんに，思わず，「何か変わったことをしなかったですか」と尋ねてしまったところ，「歯科の矯正をこの2，3ヶ月前からやりました」との返事でした。

　あっちゃんはもともと反対咬合があり，噛み合わせたとき，本来は下の歯が上の歯の後ろにかくれるはずが，下の歯の方が前に出てきてしまうので，噛み合わせが悪く，経過観察してきたのだそうです。最近，治療を始めることになり，夜寝ている間に下顎に「チン・キャップ」という道具をつけて矯正した効果が現れたということでした。下顎の前方のずれはなくなりましたが，左側へのずれはまだ残っていました。しかし，上に述べたように表情の変化は，下顎が正常な位置にあるように，顎関節や，その周囲の筋肉が良好な運動を始めたためではないかと思います。もちろん，正しい位置で，いろいろな食物をよく噛んで食べる機会が増したために，顔面の筋群によりよい影響をもたらしたのかもしれません。

　それでは，このことが構音にどのように影響を与えていたでしょうか。構音検査をしてみると，50の単語のうち，15語がはっきりと聞こえるようになりました。下顎が左に引けてしまうため，「イ列」の音にはほぼ一貫性のあるゆがみの音が目立ってきました。しかし，全体に明瞭になり，今

までやってくれなかった，文章の復唱をしてくれるようになりました。多分，構音のみならず，言語発達の面でも少しずつですが伸びてきたからでしょう。口腔周辺の動きですが，話しているときに，上唇が薄くなり，口の両端の部分（口角）がきゅっと引けるようになりました。口の動きは小さく，微細に動いていることがわかりました。舌の動きの変化については外からはわかりませんでしたが，構音上は，「ツ」や「ス」を「チュ」とか「トゥ」とか，舌の先を歯茎につけて出す音に変化してきました。こうした構音上の変化は，チン・キャップによる下顎の固定が，舌や，口唇の独自の運動を促し，それらの運動を支える筋緊張によい意味での変化をもたらしたのではないかと考えます。ダウン症児の歯科矯正については諸説あるようです。また，矯正と構音の改善の関係についてもまだよくわかっていません。あっちゃんの場合，歯科矯正の時期と，構音指導の時期，本人の自覚等，よい条件が重なったため，構音の改善が出てきたのだと考えます。

　この頃のあっちゃんの様子や言語指導について，お母さんの文章から紹介しておきましょう。

　　『人の干渉を嫌ったり，逆に甘えたりと，自分の殻の中に閉じこもらないで自分の意思を言葉にして出すようになってきました。そこで本人の意思に沿うように，よく話をして多くの言葉を使ってわかるまで話をするように心がけました。（中略）言語指導の時間に，食べるものを使っての練習が入るようになって，彼女の方も興味が変化していったようです。「先生のところへ行くよ」と言うと，「わーい，やった」と指導を受けに行くことを喜ぶようになりました。まだ，自分の為にやる，というより，楽しみのほうが先に立っていますが，苦にしているよりいいなと思っています』

4）ふたたび，舌の機能への働きかけ（10歳6ヶ月の頃）

　ごく最近のあっちゃんの様子ですが，指導中の態度も立派で，こちらの

指示にはほとんど応じてくれるようになりました。単語では半分の語が正確に構音できるようになり，残りも幼児語が少し残っているといった感じで，それらしく聞こえるものがほとんどです。ますます唇の動きは良好になり，しっかりとしてきました。「ウ列」の音が今まではっきりしませんでしたが，両唇を突き出し，ほほや，口唇周囲の緊張を高めて，きれいに構音するようになりました。舌の先を使う音も，「チ」「ジ」「ズ」でひずんでいるがそれらしい音に聞こえてきました。表情ですが，よく見ると，鼻の両脇から，口角(こうかく)にかけて，鼻唇溝(びしんこう)という線がはっきりとしてきたことに気づきました。「サ行」は発達的にも一番遅れて構音可能となる音ですが，それにいよいよ手をつけようか，というところまでやってきました。数年前に，ストローを舌と上歯ではさんで，スーッと息を出し，「ス」の音を出す練習をしていましたが，その時は，舌が丸太のように中央が盛り上がっていて，ストローをうまくはさみ込めないまま，そうした働きかけを拒否されてしまいました。鏡を見せて，平らにするように言ってもなかなかできませんでしたが，指で舌の中央を押したり，ヨーグルトを舌のさきでペロペロとなめたり，舌にいろいろな運動を学習させるようにしました。時間はかかりましたが，今になってようやく，舌も平らにできるようになりましたし，舌のさきを尖らせて，三角にすること（舌尖）もできるようになりました。今後も今のペースでフォローしゆっくりとかかわりながら，構音を改善していきたいと考えています。

4 まとめ

　ダウン症児あっちゃんの1歳から10歳半頃までのことばについて，構音の発達を中心に振り返ってみました。指導の観点としては，①食べる機能と構音は密接に関係している。②正常な感覚運動経験が口腔機能の発達を促す。③経過観察を主とし，①②の観点から援助できることについて具体的に指導する，ということになりましょう。また，家庭の様子や，学校で

の様子から，本人の構音障害に対する認識を予測し，言語発達，対人関係，性格的な特徴をふまえて指導を展開する必要があります。本章を「ダウン症児の構音指導」としてまとめてみて，正常な発達であれば生まれて数年の間に獲得できる構音ですが，10年以上の歳月をかけてゆっくり，しかし着実に発達する構音もあるということをあっちゃんとその家庭が教えてくれたように思います。ことばの発達が人格の形成に大きな影響を与えていることも，あっちゃんをとおして学ばせていただきました。

　最後に，私の勝手な願いを聞き届け，貴重な文章を寄せてくださいましたあっちゃんのお母さん，「ぜひ書いてごらん」と支持してくれたあっちゃんのお父さんに，心から感謝したいと思います。

9章 ことばの発達の良好なダウン症児の事例

1 みゆきさんの様子（作文表現を育てるための指導）

　みゆきさんは，特別支援学校中学部3年の女子生徒。下級生の面倒をよくみる，しっかりもののお姉さん的な存在で，クラスのみんなに慕（した）われていました。担任の先生だけでなく他の先生から用事を頼まれても「はい，わかりました！」と，気持ちよい受け答えができ，大人たちからの信頼も厚い生徒でした。健康面に関しては，合併症として，心房中隔欠損症（しんぼうちゅうかくけっそんしょう）がありましたが，乳幼児期に手術をすませており，日常生活への影響はありません。毎日，地下鉄を乗り換えて元気に通学していました。難聴などの聴覚障害や視覚障害はありません。また，みゆきさんの全般的なことばの発達に関しては，ことばの理解面については，集団場面においても短い言語指示であれば応じることができること，表出面については，経験したことや感想を発表することができることを担任の先生から教えてもらいました。また，文法能力と読み書き能力の面については，小学1～2年生段階の漢字や助詞の使い方を学習しているところであること，経験したことを短い文章に書き表すことができること，興味のある本や歌詞カード等を読むことができることを教えてもらいました。

　そんなみゆきさんと私が出会うきっかけとなったのは，担任の先生からの相談でした。みゆきさんは，高等部の先輩と交換日記のような手紙をや

りとりしたり，修学旅行でお世話になったバスの運転手さんにお礼の手紙を書いたりと，余暇活動として手紙を書くことをとても好んでいました。ただ，印象に残ったことを思いつくままに書いているようで，文面は時間的な連続性が配慮されていなかったり，内容がまとまっていなかったりしていました。誤字や脱字（書き誤り）もありました。そのため，読み手側にとっては，個々の文の意味や文章全体の内容が把握しにくい箇所がありました。そうした状況の中，担任の先生より，みゆきさんが積極的に取り組んでいる手紙を書くことを育てたいという相談がありました。手紙や作文などのひと続きの文章を書くことは，伝達能力やその表現方法を育てることが基本となります。それらは，みゆきさんの今後の社会生活においても重要な表現手段のひとつとなるもので大変意義深い活動です。そこで，私は，みゆきさんの指導を引き受けることとしました。ただし，手紙文よりも読み手が限定的でない作文の指導を，担任の先生とともに取り組むことにしました。

2 指導の方針とねらい

　作文表現とは，自分自身が過去に経験・体験したことを物語る（ナラティブと呼ばれます）ことを，書記的に表現する活動です。これを，ことばの発達という側面からとらえると，語彙能力，文法能力（統語と形態），読み書き能力などがその土台となります。また，体験することに関して何が起こっているのかを把握すること，体験したことの順序や内容を整理すること，体験したことを記憶しておくことなど，いわゆる認知面の発達も重要な基盤となります。このように，総合的な活動である作文表現をどのように育てるのかを考えるために，指導前にみゆきさんの力をいくつかの側面からアセスメントすることにしました。
　まず，みゆきさんの作文表現の実際について理解するために，学校行事のひとつである文化祭の事前練習をテーマに作文を書いてもらいました。

みゆきさんは，文化祭でミュージカル劇を披露するために，練習を重ねているところです。みゆきさんは，ステージ練習の体験談を次のようにまとめました。

　今日は神奈川祭練習をしました。今日は11月15日火よう日神奈川祭練習をがんばりました。11月19日土よう日にいよいよ神奈川祭ですね。みなん（みんな）と私は神奈川祭を練習をセルフ（セリフ）はうまくできました。ピーターパンでウェンディはステキです。私もステージはこわくなりませんでした。これからも神奈川祭練習はステージでも私もウェンディは大好きですわ。一人でハーモニカを歌を歌いました。私も神奈川祭練習が大好きです。いよいよ神奈川祭です。

　ナラティブとは，過去の体験を全体としては出来事が実際に起きた順序に従いながらも，同時に，ある判断に基づいて取捨選択を行い，さらになぜそれを物語りたいのか，という理由を述べたり，話の状況を詳しく付け加える作業であるといわれています（南，2004）。そしてそれゆえに，ナラティブという作業は，単に記憶を再構成し，経験をそのまま再現するだけにとどまるものではないとされています。みゆきさんがまとめてくれた作文を読みますと，セリフを覚えることは大変ですが，練習を重ねるにつれてうまくできるようになったことを実感している様子，文化祭を心待ちにしている気持ちが伝わってきます。しかし，ウェンディとは登場人物なのでしょうが，みゆきさんが演じたものなのか，それとも他のクラスメイトが演じたものなのか，また，ハーモニカの歌はミュージカル劇とは関係があるのか，といったことがつかめません。そもそも，ステージ練習がどんな順序で進んでいって，ミュージカル劇でどんな役柄を演じるのかがわからず，全体としてどのようなことを体験したのかが読み手側にとっては把握しにくい内容になってしまっています。いいかえれば，みゆきさんの作文表現は，自分の気持ちを述べたり，状況を詳細に説明しようとしてく

れますが，体験談の骨格をなすような時系列的に沿った事実の説明が不十分なように思えます。また，誤字や助詞の誤用もいくつか見られました。

次に，みゆきさんの発達の様子を客観的かつ多面的に把握するために，個別的心理検査をいくつか実施しました。知能検査（田中ビネー知能検査）の結果からは，精神年齢が5歳4ヶ月で知能指数（IQ）は39であること，語彙検査（絵画語彙発達検査；PVT）の結果からは，理解語彙力は4歳5ヶ月相当であることがわかりました。

また，認知面の発達を詳細に捉えるために，K－ABC心理・教育アセスメントバッテリー（以下，K－ABC）を実施しました。K－ABCとは，認知的な活動を継次処理と同時処理の2つの処理過程で評価するとともに，知識や概念，教科学習で習得されるような力を習得度として算出することができる心理検査です。継次処理とは，情報をひとつずつ時間的な順序で連続的に処理していくことであり，同時処理とは，一度に与えられた多くの情報を空間的，全体的に統合し処理することで課題を解決する方法であると考えられています。K－ABCは，子どもの能力を同じ年齢の子どもたちと比較して評価する検査で，評価点で10点，および標準得点で100点という値であると，同年齢の子ども集団の中では平均的な力を持っているということになります。知的障害のある子どもの力を，同年齢の子ども集団と比較して評価することは難しい場合が多いのですが，K－ABCにおいては評価点と標準得点を補正する方法が確立しており，発達水準に相当する年齢を算出し，その年齢集団を基準に評価することができます。私は，認知的な活動を分析的にとらえることができる点もさることながら，習得度といった算数，ことばの読み，文章の理解など，これまで培ってきた基礎的な言語・数量学習の力を客観的に把握できるという点で，知的障害のある子どもを対象にした場合においても，いろいろな情報を提供してくれる使い勝手のよい心理検査であると考えています。

さて，みゆきさんの検査結果を表9-1に示しました。総合尺度の標準得点をみますと，継次処理尺度は84点，同時処理尺度は112点であり，継

表9-1 K − ABC心理・教育アセスメントバッテリーの結果（概要）

認知処理過程尺度	評価点		パーセンタイル順位	S or W（強or弱）	その他の情報（相当年齢）
	継次処理	同時処理			
3. 手の動作	11		63		6−0
4. 絵の統合		14	91	S 5%	8−3
5. 数唱	5		5	W 1%	3−6
6. 模様の構成		8	25		4−9
7. 語の配列	6		9	W 1%	4−3
8. 視覚類推		15	95	S 1%	7−3
9. 位置さがし		10	50		5−9
習得度尺度	標準得点±測定誤差 90％信頼水準		パーセンタイル順位	S or W（強or弱）	その他の情報（相当年齢）
11. 算　数	102	±9	55		5−9
12. なぞなぞ	89	±11	23	W 1%	5−0
13. ことばの読み	136	±5	99	S 1%	8−0
総合尺度	標準得点±測定誤差 90％信頼水準		パーセンタイル順位		
継次処理尺度	84	±9	14		
同時処理尺度	112	±9	79		
認知処理過程尺度	99	±8	47		
習得度尺度	112	±7	79		
総合尺度間の比較					
	継次処理＜同時処理(1％)		同時処理＝習得度		
	継次処理＜習得度(1％)		認知処理＝習得度		

※下位検査における相当年齢の中央値を用いて補正評価点・標準得点を算出したが，認知処理過程尺度の標準得点が適切な値とはならなかったため，改めて5歳9ヶ月を用いて補正評価点，標準得点を算出した結果を示した。

次処理が弱いことがわかりました。このような継次処理の相対的な弱さは，みゆきさんの作文表現の特徴を理解する上でキーとなります。なぜならば，継次処理の弱さが，時系列に沿った作文表現の構成に影響を与えると考えられるからです。また，下位検査のうち，「絵の統合」「視覚類推」「ことばの読み」がS（Strength，強い），「数唱」「語の配列」「なぞなぞ」がW（Weakness，弱い）となりました。これはすべての下位検査の得点を比較して，子どもの中で相対的に得点の高い下位検査をS，低い下位検査をWとみなすということです。これらをもとに強い能力と弱い能力について分析したところ，「視覚的細部への注意」「運動機能の関与を特に必要としない視覚的体制化」が強い能力，「短期記憶（聴覚）」「言語理解（聴覚）」が弱い能力として，それぞれの下位検査に共通して認められることがわかりました。これらの情報は，指導方針を立てる上で非常に有用な情報となりえます。みゆきさんにとっての得意な能力を活かして指導の手だてを考えることが可能となるからです。

　アセスメントの結果から，みゆきさんの作文表現における時系列に沿った事実の説明の不十分さは，継次処理の弱さに関連性があることが仮説として考えられました。時系列的な弱さをフォローするためには，表現活動を行う前に，起こった出来事を列挙し，それを時間的順序に沿って整理することが考えられます。そして，その上で，何を述べて何を述べないのかを取捨選択します。将来的には，このような作業が自発的にできることが望ましいのですが，まずは，整理する時間を意図的に設定してみることとしました。この整理作業については，時間的順序への意識付けとあわせて，体験した出来事を詳細に振り返るようなことも行いました。実際の指導においては，みゆきさんの得意な能力である視覚的な情報へ注目することや視覚的な情報を把握する力を活かすとともに，聴覚的な短期記憶や言語理解における制約を考慮し，写真や質問カードを用意することにしました。また，みゆきさんは，K－ABCにおいて習得度尺度の下位検査のひとつである「ことばの読み」の相当年齢が8歳0ヶ月であり，読みの力は非常

に高いことがわかります。一方で，語彙能力や文法能力は，ことばの読みの力と比べると発達が緩やかなようです。そこで，指導する担任の先生に，みゆきさんが作文を書き終えた後，統語上の誤りをその場で修正すること，使用単語に関しては適切と考えられる語彙を提案することの2点をお願いし，語彙の拡大および文法の習熟を目指すこととしました。

3 指導の方法と経過

　みゆきさんへの指導は，書こうとする出来事に関して整理する（理解を深める）ことと，書き上げた作文に対して誤記，文法上の省略や誤りを修正するといった簡単な推敲作業の2つです。表9-2に，指導の流れを図示しました。出来事の整理は，前日に行われたある活動に関して，その開始，途中，終了の3場面をあらかじめ写真撮影しておき，時間的な経過に沿って写真を並べさせました。また，活動の詳細を尋ねる質問カードをいくつか用意し，それに答えさせることも行いました（図9-1）。指導は3期にわけ，それぞれの期によって使用する質問カードを替えることとしました。それによって，どのような質問であると，作文表現を育てることに役立つのかがわかるのではないかと考えたためです。そして，最後には，前述したように，指導する担任の先生に統語上の誤りを修正してもらうとともに，適切と考えられる語彙を提案してもらいました。これらの指導は，学校が休みの場合を除き，担任の先生が約2ヶ月間，毎日行いました。指導時間は，15分から20分程度で，朝の学習や国語の時間などに個別的に取り組みました。

　指導の経過は表9-3と表9-4に示しました。表9-3は，出来上がった作文に関して，文の数，語の数（総語数，語の種類数，一文あたりの語の総数），品詞の分類といった，いわば作文表現の量的側面に着目して記録したものです。表9-4は，作文表現の内容的側面の変化を追ったものです。ここでは，作文表現などのナラティブを評価するためによく用いられ

表9-2　1日の指導の流れ（STEP 2は，指導期によって質問内容が異なる）

STEP 1	写真の並べ替え ○書こうとする出来事を時系列的に整理する 写真3枚を，時系列に並べ替える	
STEP 2	質問に答える ○書こうとする出来事に関して整理する（理解を深める）	
	指導1期	・時間：写真はいつとったものか書きましょう ・場所：写真はどこでとったものか書きましょう ・人物：写真の中に出てくる人の名前について書きましょう ・事物：写真の中にあるものを説明してみましょう ・状態：写真の中でしていることを考えて書きましょう ・感情：写真の中に出てくる人の気持ちについて次から選んでみましょう（うれしい・悲しい・楽しい・苦しい・つかれた・よかった・やった・しあわせだー），自分がどんな気持ちだったのか，考えてみましょう
	指導2期	・活動内容：写真の中での出来事を説明してみましょう ・文脈：この写真の最初の出来事を説明してみましょう，この写真の最後の出来事を説明してみましょう ・感情：写真の中に出てくる人の気持ちについて次から選んでみましょう（うれしい・悲しい・楽しい・苦しい・つかれた・よかった・やった・しあわせだー），自分がどんな気持ちだったのか，考えてみましょう
	指導3期	・時間：写真はいつとったものか書きましょう ・場所：写真はどこでとったものか書きましょう ・人物：写真の中に出てくる人の名前について書きましょう ・事物：写真の中にあるものを説明してみましょう ・状態：写真の中でしていることを考えて書きましょう ・活動内容：写真の中での出来事を説明してみましょう ・文脈：この写真の最初の出来事を説明してみましょう，この写真の最後の出来事を説明してみましょう
STEP 3	文章の見直し・修正 ○作文を推敲する 教員とともに，誤記，文法上の省略や誤りを修正する	

STEP 1とSTEP 3は，いずれの指導期においても内容は変わらない。

<指導1期>

写真の中に出てくる人の名前をかきましょう

写真の中でしていることをかんがえてかきましょう。

写真の中にあるものをせつめいしてみましょう。

写真の中に出てくる人のきもちについて、次のうちから選んでみましょう。

うれしい　悲しい　楽しい　苦しい　つかれた　よかった　やった　しあわせだー

自分がどんなきもちだったのか、かんがえてみましょう

図9-1　質問カードの例

9章　ことばの発達の良好なダウン症児の事例

表9-3　指導経過（量的側面）

	文数	語の種類数	総語数	類語数/総語数	一文あたりの語数	品詞の分類（％）								
						動詞	形容詞	判定詞	助動詞	名詞	副詞	助詞	接続詞	指示詞
指導前	11	41	69	0.59	6.27	10.1%	5.8%	1.4%	1.4%	42.0%	2.9%	34.8%	0.0%	1.4%
指導1期	11	35.6	58.6	0.61	5.32	19.1%	2.7%	1.7%	4.8%	36.5%	1.0%	31.4%	2.4%	0.3%
指導2期	8.8	28.4	46.4	0.61	5.25	16.4%	3.0%	0.9%	6.9%	36.2%	0.9%	31.9%	3.4%	0.4%
指導3期	10.8	30.8	45.6	0.68	4.28	19.7%	0.9%	2.6%	4.4%	36.4%	0.9%	32.0%	3.1%	0.0%
指導後	9	33	45	0.73	5.00	20.0%	2.2%	2.2%	2.2%	37.8%	2.2%	33.3%	0.0%	0.0%

表9-4　指導経過（内容的側面）

	作文内容の段階（頻度）			ナラティブ構成要素（％）					
	羅列	系列	原始的ナラティブ	要旨・導入部	設定・方向付け	出来事	評価	解決・結果	結語・終結部
指導前	1			0.0%	23.1%	30.8%	38.5%	7.7%	0.0%
指導1期	2		3	0.0%	11.0%	58.0%	23.8%	7.2%	0.0%
指導2期		3	2	0.0%	11.4%	39.7%	39.6%	9.2%	0.0%
指導3期		5		0.0%	9.6%	66.6%	18.4%	5.4%	0.0%
指導後			1	0.0%	11.1%	55.6%	22.2%	11.1%	0.0%

表9-5　ナラティブの構成要素と発達段階（内容的側面）

ナラティブの構成要素	
要旨・導入部	話の最初に，何についての話なのかを聞き手に伝える
設定・方向づけ	誰が，いつ，どこで，何を（していたか）
出来事	起きた事件は具体的に何なのか
評価	話し手の気持ちはどうだったのか，話の意味は何なのか
解決・結果	事件が最高潮を迎えた後，結局どうなったのか
結語・終結部	話の最後の締めくくりのことば
ナラティブの発達段階	
羅列段階	それぞれのエピソードが羅列的に描写されている
系列段階	あるテーマに関連したエピソードが系列的に表現されている
原始的ナラティブ段階	あるテーマに基づいたエピソードが系列・構造的に表現されている。一貫したテーマが背景にある

※ Applebeeの示したナラティブの発達段階においては，連鎖，中心テーマのある連鎖，ナラティブも設定されているが，該当がないため割愛した。

る，Labov（1972）のナラティブの構成要素とApplebee（1978）のナラティブの発達段階を分析指標として用いました。それぞれの定義を表9-5に示しました。複数の文で構成される作文においてそれぞれの文がどのように位置づけられるのかを検討した上で，系列性やテーマの一貫性に着目して作文を段階わけするということです。

　まず，量的側面においては，指導前においては，文数や語数は多く，名詞の割合が高い作文でした。しかし，指導1・2・3期を経た後の表現をみますと，総語数における語の種類数の割合が高くなっているとともに，動詞や助動詞の割合が高くなっていることがわかります。これは，語のレパートリーの拡大と統語構造の発達を意味しています。すなわち，さまざまな語が生産的に使われ始め，より豊かな表現ができるようになった証しとして捉えられます。

　次は，内容的側面に関することです。まず，Labov（1972）のナラティブ構成要素に関しては，指導前後ならびに指導期において，特に一定の傾向は認められませんでした。ナラティブ構成要素のうち出来事を前景描写，設定や評価を後景描写と位置づけると，子どもは前景描写を重視するような表現をし，年齢が高くなるにつれて後景描写に重点を置くような傾向が

あると言われています（南, 2004）。みゆきさんにおいては，前景描写にとどまらず，後景描写といった因果的説明を取り入れながら表現することは，既に獲得していることがうかがわれます。しかし，この分析からは内容のまとまりを捉えることができず，みゆきさんの苦手とする時間的な順序の正確性の問題をうかびあがらせることはできません。また，おのおののエピソードを有機的につなぎあわせているのか，それとも断片的な羅列に止まっているのかまではわかりませんでした。これについては，Applebee（1978）の示したナラティブの発達段階が役立ちました。ナラティブの発達段階については，指導前においては，それぞれのエピソードがバラバラに描写されている羅列段階でありましたが，指導後においては，あるテーマに基づいたエピソードが系列・構造的に表現されている原始的ナラティブ段階であることが示されました。つまり，写真を見て並べ替えることや質問に答えるといった活動を取り入れた指導期を経て，より系列性やエピソードの一貫性のある作文表現をするようになったことがわかります。

　また，指導1期と指導2期においては，作文内容が原始的ナラティブ段階であることが多く認められました。この結果は何を意味しているのでしょうか。指導1期と指導2期には，感情に関する質問に答えさせることが共通して含まれます。このプロセスが，体験したことのイメージをふくらませ，それを一貫したテーマとして設定し続けることに役立てられたのかもしれません。

　以下に，みゆきさんが指導後に書いてくれた作文をひとつ載せました。学期末の大掃除をテーマにしたようです。まだ，誤字や助詞の誤用がありますが，内容がずっとわかりやすくなっていると思います。

　　　昨日は12月21日でした。みんなといっしょに大そうじをしました。はこをはこびました。大そうじはきれ（きれい）になりました。ほうきをはきました。ぞっきん（ぞうきん）をちょっとしぼりました。こ

んども大そうじをやりたいです。最後にお茶をのみました。最後までいっしょけめい（いっしょうけんめい）大そうじをがんばりました。

4 まとめ

　みゆきさんの事例報告において，まとめとして伝えたい点は2つあります。ひとつは，アセスメントと指導の手だてに関することです。今回は，内容的なまとまりと語彙や文法に関することの2つの能力を育成するために，書こうとする出来事に関して整理すること（理解を深めること）と，書き上げた作文に対して誤記，文法上の省略や誤りを修正することを行いました。作文指導において，このような指導方法をとることは特に目新しいことではありません。重要なのは，どのような指導の手だてを講じるかです。作文表現に限ったことではありませんが，ダウン症の子どもの言語表現に関しては，一発話あたりの語数が少ないこと，語彙の多様性に乏しいこと，助詞や助動詞の省略が頻繁であること，一発話あたりに接続語や動詞が少ないこと，動詞の使用に偏りがあることなどが述べられています。また，視覚的な援助が言語表現を促進することも知られています。このようなダウン症の特徴とみゆきさんの発達の様相は類似している傾向がありました。しかし，当然のことですが，すべてのダウン症の方にあてはまるわけではありません。効果的で実効性のある指導を行うためには，一人ひとりの子どもに対して，発達の詳細や認知的な特徴を把握するとともに，つまずきを理解するためのアセスメントを多面的に行い，その結果を参考に指導計画を立案し，計画を達成するための適切な手だてをとっていく，という一連の流れが重要となりましょう。

　もう一点は，質問に答える活動の意義についてです。質問に答えることが，写真の内容や文脈を精緻化したり，感情を想起させることにつながり，結果としてみゆきさんの作文表現を豊かにしたと思われます。特に，感情に関する質問は，出来事に関するより具体的なイメージを形成することに

役立ったのではないでしょうか。質問に答えるという活動は，その直後の作文表現にのみ影響を与えるものではないと思います。私は，みゆきさんのような知的障害のある子どもに作文表現をさせる場合に，書こうとする出来事に対して十分に質問，さらには対話をすることが必要だと考えています。それは，過去の出来事をめぐる対話において，教員が何を質問し，どういった発話を行うかは，出来事に対するイメージの形成に寄与するだけでなく，何の話題をどのように話せばよいかという，伝達能力およびその表現方法を方向付けることになると考えられるからです。指導終了後に担任の先生から，みゆきさんの様子として教えてもらったことに，「質問文で聞かれたことをすべてではないにしろ，頭に残し（当日のみならず，前のパターンの質問文も残っていることがみられました），まだそれをうまく構成できてはいないけれども，書き表そうと意欲的に取り組んでいました」というエピソードがありました。このことからも，質問に答える活動は，直後の作文表現を豊かにするだけでなく，自分自身の体験や気持ちを伝えるために，どのような内容を表現したらよいか考える力を育てることや表現方法を促進することにつながるのではないかと考えられるのです。

　みゆきさんの事例は，特別支援学校で行った指導です。担任の先生は他の生徒さんの様子もみなくてはならない状況ながらも，みゆきさんの作文指導にとても熱心に取り組んでくださいました。学校現場においては，このような時間を設定すること自体が大変難しいことだと思います。みゆきさんの事例からは，限られた時間の中，指導をすすめていく上で，教員が行う質問や対話の内容を精選する際の有用な情報が得られたのではないでしょうか。対話をした上で作文を書かせるといった活動に，本人の意欲を大事にしながら，継続性をもって取り組むことが，結果として作文表現の力を高める源のひとつとなるでしょう。

■文献

Applebee, A.N.(1978)*The Child's concept of story*, University of Chicago Press.
Labov, W.(1972)*Language in the inner city*, University of Pennsylvania Press.
南　雅彦(2005)談話(ディスコース)構造の発達　岩立志津夫・小椋たみ子(編)よくわかる言語発達　pp.54−57

10章 重度ダウン症児の指導
——言語の理解力の拡大とサイン言語の指導

1 かずくんの発達の様子

　この章では，特別支援学校小学部2年生の発達の遅れが著しいかずくんの指導を紹介したいと思います。かずくんは，合併症として心臓疾患があり，5歳のときに手術を行っています。風邪をひきやすく，あまり体が丈夫なほうではありません。その他には，近視と乱視により視力が弱い面があります。しかし，体調のよいときは，明るくひょうきんで笑顔が多い元気のいい男の子です。好きなものや興味があることには，大きな声を出して，自分から積極的に出ていってやれる反面，こわがりで気分屋さんのところがあります。好きなことは，音楽やダンス，トランポリンで飛ぶこと，調理ごっこです。嫌いなことは，持続して行う運動や高いところ，座って学習することなどで，強制されると強く抵抗します。

　まだ，情緒的に未熟な面が多くみられます。具体的には，環境の変化に弱く，初めての場所や大人に慣れることに時間がかかります。学校に入学した当初は，精神的緊張が多くみられ，円形脱毛症になったこともありました。また，楽しいときは大きい声を出して笑ったり，あどけない動作をしてみせたりしますが，ちょっとしたことで怒ったり急に泣き出したり，ふさぎ込んで頑固に動かなくなったりするなど，精神的に弱い部分も多くあります。

身辺処理は，6歳ころからおしっこに行きたくなると，ひとりでトイレに行ってできる回数が増えてきましたが，まだうんちは失敗することが多いです。着替えは，ほぼひとりでできますが，途中で注意がそれて他のことをしだしたり，ときどき着る順序を誤ったり，前後や裏返しの直し，小さいボタンなどができず援助が必要です。食事はこぼすことも多々ありますが，ひとりでスプーンやフォークを使って食べています。偏食があり，噛むことや飲み込むことが上手ではなく，食べ終えるのにとても時間がかかります。

　ことばは，まだあまりしゃべれず，単語で「はーい」「ママ」「いやー」程度しか話しません。しかし，話しことばに比べ，理解力は高く，少しずつ身近な物の名前や簡単な指示がわかるようになってきています。

2　指導の方針とねらい

1）かずくんの「ことばの発達」を支えるもの

　かずくんの指導については，特別支援学校の小学部に入学してから2年間，以下の4点を基本にして家庭と学校で連携をとりながら行いました。

① 情緒の安定，健康な体づくり
② 身近な大人や友だちとの関係をつくる
③ 「欲しい」「やりたい」という要求する気持ちを育てる
④ 「ことばの指導」に片寄らず，発達全体の〈トータルな指導〉を心がける

　知的発達の障害があるために，どうしてもその発達段階に大まかに比例して，言語の発達も制約されてしまいます。話しことばが少ないかずくんに対して，どうしてもお母さんはことばの指導ばかりに目がいってしまいがちでした。しかし，「ことばを育てる土壌」を十分につくってあげる必要があります。かずくんの場合，まず，丈夫な体と情緒の安定がもっとも大切です。体調不良やすぐに気分が落ち込んでしまうような状態では，ど

んなに立派なプログラムや指導を行ってもまったく効果はありません。また，体調が悪い状態では，「やりたい」という気持ちもわいてきません。偏食がひどいかずくんは，便秘になりがちで，同時に発熱もしてしまいます。そんな時のかずくんは，学校でもお家でも，どんなに接し方を工夫しても，奇声を出して何をやるときでも拒否するばかりです。すべての指導に共通して言えるのは，子どもが「〇〇がほしい」「□□をやりたい」という意欲がなければ，何も吸収してはくれません。

そして，ことばだけではなく，日常生活の指導，運動の指導，認識力を高める指導など，どんな指導であっても，「ことば」を用いて行っています。同時に，このような指導の中で，「覚える」「表現する」などといった言語能力も養われていきます。したがって，子どもの発達全体を伸ばすような形で指導することが，偏りがなくゆがみの少ない望ましいことばの発達を支えることにつながります。

2）かずくんのもっている「ことば」とは？
　　　──〈ことばの5つの役割〉をもとにして

第3章で述べられていた〈ことばの5つの役割〉──①物や動作に名前をつける道具としてのことば，②コミュニケーションの手段としてのことば，③意思や感情を表す道具としてのことば，④思考の道具としてのことば，⑤人や自分の行動をコントロールするためのことばをもとにして，かずくんの『ことば』に関するアセスメント（実態把握）を簡単に紹介したいと思います。

　①　物や動作に名前をつける道具としてのことば

お家や学校などにある身近な物の名前，たとえば，スプーンやお茶わん，リンゴ，洋服，ごみ箱，イス，本，犬（ワンワン）などをかずくんは理解しています。しかし，スプーンが食事のときに使う道具でお茶わんとセットになっているなど，その物の用途やペアになっている仲間との関係性までは理解していません。また，リンゴというのは，バナナやイチゴと同じ

「食べるもの，果物」という集合の中のひとつという，リンゴの性質まではわかりません。一方，かずくんの動作語の理解は，「立って」「行こう」「食べて」などの日常頻繁に使用される動作を示すことばに対する指示はわかっています。しかし，絵本などに描かれている，自分の経験の少ない動作語はわかりません。

② コミュニケーション（伝えあい）の手段としてのことば

いわゆる「ことば」といわれる表出言語を使って，人とコミュニケーションをすることはごく数語の語彙に限定されています（「ママ」「おはよう」）。しかし，欲しいものやして欲しいことがあるときは，お母さんや先生などの身近な大人に対して，「あ，あ，あー」や「はーい」などと発声しながら，手さしや大人の腕をつかんで引っ張ったりします。何か質問されたりすると，答えとして「はーい（YES）」「いや（NO）」は言えます。そして，コミュニケーションの中で使える身振り，手振りは，〈ちょうだい〉と〈ばんざい〉です。

③ 意思や感情を表す道具としてのことば

④ 思考の道具としてのことば

この③と④の役割を持つことばは，かずくんにはまだ十分には育っていません。

⑤ 人や自分の行動をコントロールするためのことば

「ここでお座りしてね」「それはダメよ」ということばをかけられると，しばらくはそのことばの指示通り，座っていたり，しなかったりすることができます。つまり，こうしたことばかけにより，かずくんは頭の中で「座っていよう！」「これをしてはいけないんだ」ということばで考え，自分の行動をコントロールしています。しかし，ちょっと時間がたつと，すっかり頭の中で考えたことを忘れてしまって，指示を守らなかったり違うことをしたりします。一方，「かずくんコップとってー」でテーブルの上にあるコップをとることはできます。が，「隣の部屋にあるコップをとってきてー」と言われると，確かに隣の部屋にまでは行くかずくんです

が，何をしに来たのか自分でわからなくなって，そこにあった玩具で遊び始めてしまいます。こうしたことばの能力は，記憶力や認識力とも大きな関連性がありますが，まだまだ時間や距離の長さによって左右されてしまい，意図的・計画的な行動がことばによってとれません。

3）かずくんへのことばを育てるための指導目標

以上のようなかずくんのことばの発達の状況を踏まえて，2つの指導のねらいを立て指導を進めていきました。

a. サイン言語によるコミュニケーション能力を高める

前節の②に紹介した「コミュニケーション（伝えあい）の手段としてのことば」を育てるために，身振り，手振り，サイン言語を指導し，表出言語と結びつけていくように指導することとしました。表出言語が未熟なかずくんですが，場面によっては「伝えたい」という気持ちが強くあらわれるので，そうした気持ちや要求を大切にして，サイン言語を教えていきながらさまざまな「ことば」とつなげていきたいと考えました。

b. ごっこ遊びを通して，対人関係を広げ，人とのやりとりや役割交替，さまざまな認識力を高める

ことばの発達には対人関係が最も重要であり，先生や大人，友だちとの関係をつくりながら，遊びを通してルールややりとりを学んでいくことをねらいにしました。課題に対して，かずくんは興味あるものには自分勝手にやりとげてしまうことがあります。そのことは，たとえ課題はできたとしても，「指示を聞いて，ことばで考えてやる」という点では落第点です。「どうやってやるのかな？」「次に何をするのかな？」を頭の中で考えながら遊びや課題をやることが，先に述べたさまざまな役割を持ったことばの発達を促すことにつながります。

③ 指導の方法と経過

1）サイン言語の指導

　ダウン症児は，視覚的な刺激（目でみること）の方が聴覚刺激（ことばなどの音声）より理解しやすく，覚えやすいということが言われています。こうしたことから，サイン言語は話しことばのないダウン症児には，コミュニケーションの手段としてもっとも有効です。サイン言語は聴覚障害者が使う手話のようなもので，もっと簡略化したものであり，子どもにあわせてわかりやすい形にしてあげましょう。

　かずくんへのサイン言語の指導は，①日常生活，②学習場面という2つの場面で行いました。この2つの場面で，お母さんと先生が3つの約束を決めて指導しました。それは，①子どもの発信をよく見て，よく聞き，それによく反応してあげる，②大人からのサインとことばによる働きかけを十分に行う（サインとことばを同時に使用する），③学校と家庭で同じサインを用いること（同じような手続きで同じ形のサインを用いる）。

　(1) 日常生活でのサイン言語の指導——要求から感情の伝えあいを

　かずくんは，あらゆる要求を大人に対して出してくれます。そこで，「ほしい」「したい」という要求を出すときに，その「したい」ことをサインで表現するように指導しました。具体的には，トランポリンで飛ぶことが大好きなかずくんは，給食が終わると必ずトランポリンの方に手さしをしたり先生の腕を引っ張ったりしていました。また，お腹がすくと口の中に人さし指を入れて，「あっあっあっ……」とお母さんや先生に向かって発声します。こうしたときに，大人が「トランポリンやりたいの？」「ごはんが食べたいの？」と聞くと，かずくんはうなずきます。

　そこで，「かずくん，トランポリンをやりたいときは，"ピョンピョンやりたーい"って教えてね」と，左手を開いてその上に右手でジャンケンのチョキをつくって逆さまにし，2本の指先を何度も左手の掌につけるようなサインを示しました。これは，右手の2本の指を人の足にみたて，トラ

ンポリンの上をジャンプしているように表現したものです。

　このサインを示し始めたころのかずくんは、「いつも、先生はトランポリンに行く前に指と手を使って何かやっているなー！？」という表情でながめていました。そして、真似(まね)することはせず、依然として「あっあっあっ……」と発声するだけでした。

　しかし、徐々に、「トランポリンやろう！」と言いながら先生が《トランポリン》のサインを示すと、「あっ、トランポリンに行ってもいいんだな」「先生がやっている手の形は、トランポリンのことなんだ」と、ことばとサインが結びついてきたようでした。そして、大人がかずくんの手をとって、《トランポリン》のサインをつくってあげるようにしました。すると、少しずつ両手を使ってそれらしく表現するようになりました。

　子どもが「やりたい」という要求を出して、それを大人が形あるサインにつくりかえていってあげたのです。3ヶ月ほど過ぎて、ほぼ正確に《トランポリン》のサインを覚え、大人に示してくれるようになりました。

　このように、トランポリンだけでなく、《ごはん》《絵本》《プール》なども要求を出してくれたときに簡単なサインを指導していきました。また、かずくんは、サインと同時に発声していた「あっあっあっあっ」も、抑揚のある発声に変化してきました。自分なりに、「トラポリン」と言ってい

るようでした。

　身近なものや事象を要求するときに，サインで示せるようになったかずくんは，一緒に遊んでいるときに先生が「やったー」「うれしい」などのジェスチャーをすると真似するようになりました。たとえば，「うれしい」は胸に手をあて何度もたたくしぐさで表現しました。それを，どんなときでも『うれしい気持ち』を共通して表現するサイン言語として活用することにしました。具体的な指導としては，欲しいものをもらったときやかけっこでゴールしてほめられたときに，先生が「かずくん，うれしい？」と問いかけながら，胸を何度もたたくサインを示しました。すると，かずくんも「うん」とうなずきながら《うれしい》のサインを真似するようになりました。

　この《うれしい》というサイン言語は，自分の気持ちや感情を相手に伝えるサインです。表出言語をもたないかずくんが，感情を表現するという，より高度なコミュニケーション（伝えあい）の手段を覚えました。こうしたことで，「あっあっあっあっ」という発声だけで自分の欲しいものやしてもらいたいこと，自分の気持ちをうまく大人に伝えることができずに，イライラすることが多かったかずくんは，サイン言語を使って，大人とお話ができることが広がりました。

(2) 学習場面による物や事象をイメージで表現する指導
　　──理解して「シンボル」として表現する

　この指導は，主に学校の授業で行いました。かずくんは，紙芝居や絵本に出てくる乗りものや動物にはほとんど興味を示しませんでした。このことは，乗りものや動物が嫌いなわけではなく，絵という抽象的に描かれたものがわからないからなのです。そこで，手遊び歌や人形を使って〈動物のかくれんぼ〉という学習を指導しました。たとえば，動物園で実際に見て「ライオン」というのは知っていますが，ライオンは「口が大きくて，ガオーと鳴いて，四本足で歩く」というライオンの特徴をしっかりとわかっているわけではありません。動物の特徴をしっかりと理解するという

のは，自分でこれらの特徴を頭にイメージすることができることなのです。

　まずは，鳴き声としぐさ遊びを行いました。「ライオン」の歌を歌いながら，「ガオーガオー」と声を出し，同時に両手でグーをつくって手を振りかざす遊びをしました。最初は，先生がやっているジェスチャーをふざけっこのようにおもしろがって見ていたかずくんでしたが，ライオンの人形や絵カードを示しながらこうした「ライオンごっこ」を続けていくと，少しずつ真似をするようになりました。模倣ができるようになった順序は，両手でグーをつくっていただけから，その手を振りかざすようになり，次に大きな口を開けるようになりました。そして，少し時間はかかりましたが，「アー，アー」と声を出すようになりました。まだ，正確に「ガオー」という発音はできませんが，動作と発声が同時にできるようになりました。

　次に，先生はかげに隠れて，「ガオー」という声だけをかずくんに聞かせあてっこ遊びをしました。目の前で歌が聞こえてジェスチャーをしながら鳴いているのと違い，かずくんはまったく関心がなくなってしまいました。そこで，幕のかげから，ちょっとだけライオンの人形を見せながら鳴いてみせました。音や声だけよりも，まだ見えるものに対してより強く興味を抱くかずくんは，「なんだろう？」という表情で見てくれるようになりました。そして，徐々に鳴き声に耳を傾けるようになり，覚えた「ライ

オン」のジェスチャーを少しずつやって先生に教えてくれるようになりました。先生は，少しずつかずくんの興味をひくための人形をなくしていき，ヒントを最小限にして，鳴き声や絵カードだけにしていきました。同じように，「にわとり」「ぞう」「いぬ」「ねこ」「ＣＤプレイヤー」「目覚まし時計」「飛行機」など，音が出てジェスチャーで表現できやすいものを指導していきました。すると，正確なジェスチャーや発声はできませんが，先生に絵カードを示されたり，その物の音を出されると，「知ってるよ！」という感じでジェスチャーやそれらしい抑揚のある声を出して教えてくれるようになりました。

　つまり，絵カードやその音を聞いて，かずくんは頭に思いえがいて表現するということができるようになりました。こうした，物の特徴を覚え，頭の中に思い浮かべることができることを『シンボル化』といいます。そして，そうした物のジェスチャーを『シンボル』といいます。かずくんにとって，「ライオン」という「ことば」をしっかり自分のことばとして覚えた証拠となります。

　両場面に共通してみられたことは，「見ることから真似ることへ」でした。最初は，じっと見ているだけでしたが，徐々に形はくずれていましたが，サイン言語やジェスチャーを真似るようになりました。一番大切なことは，「真似っこ上手になろう！」ということです。

２）遊びを中心とした認知・コミュニケーション指導
　　　　──わかること・できることを増やし「考える」
　かずくんには，さまざまな場を構成し，経験を多くさせ，自発的に活動させることが大切です。「ことばで考えて」遊ぶというのを大きなねらいとして指導した学習を紹介します。
　『宅配便ごっこ』を友だちと一緒に行いました。これは，かずくんの知っているものを絵カードにして，先生が「この絵カードのものをとって

きて，○○ちゃんにあげて」という遊びです。しかし，いくつかのルールを決めました。①先生の出した絵カードのものを選ぶ，②選んだものを自転車のかごに入れて運ぶ（このとき，片手を挙げて「しゅっぱつ！」とそれらしく言う），③先生の指名した友だちに手渡す，④渡すとき「こんにちは」「これあげる」という意味の発声やジェスチャーをする，⑤渡したら，ハンコを押してもらう，です。そして，この５つのルールを守って，順序通りに行うというのも大事な⑥のルールにしました。

　指導を始めたころのかずくんは，先生と一緒にそのつど指示されながらやったり，大好きな自転車にすぐに乗ってしまったり，選んだものを手渡さずにハンコを先にもらったりしていました。この指導は，友だちと一緒に行いましたので，他の子がやっているのをかずくんはイスに座って見ていることもありました。何回か繰り返し指導していきながら，少しずつ先生は，「次に何をするんだっけ？」とかずくんに自分で考えて行動するように促しました。

　６つのルールのうち，②と③，⑤の３つは比較的早く覚えて，遊べるようになりました。しかし，あとの３つは，まちがえたり飛ばしてしまったりする時期がしばらく続きました。一番難しかったのは，④の「こんにちは」「これあげる」をそれらしくいう発声やジェスチャーと，⑥の各行為

を順序通りに行うということでした。また，届け終わった後に，かずくんに先生は，「だれにあげたの？」と聞いて，かずくんが手渡した相手を教えてくれるように指示しました。

　この指導のなかには，最初の絵カードから具体的な物を選択する〈①〉という認識力を高める学習，順序通りに行う〈②〉という「ことばで考える」という学習，友だちに手渡す〈③〉という「やり－もらい」の役割を理解する学習が入っています。この3つは，〔頭の中で先生の言った「ことば」で考えて，それを記憶して，その「ことば」の通りに行動する〕という活動です。かずくんのことばを発達させるためには，このような活動を十分に経験させることが重要です。

　しかし，実際にかずくんに指導してみて，すぐにできる学習ではありませんでした。週に1時間を4ヶ月間ほど指導して，『宅配便ごっこ』は完全にできるようになりました。が，似たような「ごっこ遊び」で先に述べたルールを同様に設定すると，やっぱりすぐにはできません。こうした「ごっこ遊び」をたくさん行い，「理解して，考えて，遊ぶ」活動を豊富に経験させましょう。

4　まとめ

　ことばの発達が著しく遅れているかずくんのようなダウン症児には，以下の点に留意して指導していきましょう。

- 子どものよきことばの指導者になるために，子どもにとって，より自然な状況下でことばを育てましょう。
- ことばだけを育てるのではなく，ことば以外のまなざし，身振り，サイン言語など，人との関係をつくり出すコミュニケーション全体を広く育てるようにしましょう。
- 子どもの行為に意味をつけてあげましょう。本人は無作為，無意味に行っている遊びや動作でも，そこにサイン言語などの手助けをつけ加

えてあげるだけで意味のある行動になります。意味のある行動を表現することが,「ことばの世界」です。
・はじめは,発声の誘導から行います。正しい発音をねらいとせず,場面に則して,身振りやサイン言語と同時に発声する指導をすすめましょう。
・注視(よく見る)→指さし→さまざまな指さし→ジェスチャー→サイン言語→ことばへと少しずつ導いてあげましょう。

付　録

■ 日本ダウン症協会の案内
■ よくあるQ＆A

日本ダウン症協会の案内

World Down Syndrome Day 3/21

2004年にシンガポールで開かれた第8回世界ダウン症会議で、世界ダウン症連合 (Down Syndrome International : DSI) により3月21日が「世界ダウン症の日」に制定されました。

JDS 財団法人 日本ダウン症協会

〒162-0051東京都新宿区西早稲田2-2-8
社会福祉法人　全国心身障害児福祉財団内
TEL 03-5287-6418 FAX 03-5287-4735
MAIL info@jdss.or.jp URL http://www.jdss.or.jp

付録　日本ダウン症協会の案内

財団法人　日本ダウン症協会　Japan Down Syndrome Society

　財団法人日本ダウン症協会（JDS）はダウン症の子どもや大人と，その家族，支援者でつくる会員組織です。全国に約5,700名の会員（賛助会員約500名を含む）を有しています（2009年現在）。

JDSの活動内容

■ダウン症に関する情報の収集と提供

　●会報『JDSニュース』の発行

毎月1回，会報を発行し，会員に届けています。

　●冊子や図書の発行

ダウン症に関する医療・療育・教育・育児・福祉などについての小冊子『ダウン症miniブック』や図書を発行し，会員に提供しています。

　●図書の貸出

JDSで保管しているダウン症関係の図書を会員に貸し出しています。

　●DVD・ビデオテープの貸出

「ひよこ教室」（健常児との統合保育を実施している保育教室の記録）や「赤ちゃん体操」，テレビ番組や講演会の記録などのDVD・ビデオテープを会員に貸し出しています。

■相談活動

　JDSでは，会員からのさまざまな相談に対処するために，全国各地に約60名の相談員がいて相談活動を行っています。

　●相談員制度

JDSが運営する相談員制度です。相談員は，同じダウン症児・者を育てている親の立場で，会員の皆様の育児・医療・療育・福祉などさまざまな相談に応じています。

●電話・手紙・ファックス，メールによる相談

　ＪＤＳの事務局では，月曜日から金曜日まで，(午前10時から午後3時まで) 先輩のお母さんたちがボランティアで相談に応じています。全国各地のダウン症児・者をもつ家族，入会希望の方，関連する専門機関等からさまざまな相談が寄せられています。

■親の会の設立促進と活動支援

　主にダウン症児・者ならびにその家族で構成する"親の会"の設立を全国的に促進し，活動を支援しています。

●社会的な啓発活動

　さまざまな方法や手段でダウン症に関する啓発活動を行い，マスコミや出版物におけるダウン症に関する誤った記述や表現があれば，訂正を求めます。

●国や行政への働きかけ

　ダウン症に関する諸問題について，国や自治体，関係諸機関へ働きかけを行っています。

●国際交流活動

　日本を代表する組織として，世界各国にあるダウン症児・者の会との交流を行っています。

『ダウン症 mini ブック』
手軽なサイズとボリュームで，専門的な内容をできるだけ読みやすく工夫しています。

（財）日本ダウン症協会支部・準支部一覧　2009.11.10現在

No	支部名	住所
1	室蘭準支部	北海道室蘭市
2	青森弘前支部	青森県弘前市
3	青森県八戸支部（八戸小鳩会）	青森県八戸市
4	秋田県支部	秋田県秋田市
5	山形県支部	山形県東村山郡中山町
6	岩手県支部	岩手県盛岡市
7	宮城仙台支部（どんぐりの会）	宮城県仙台市
8	宮城石巻準支部	宮城県東松島市
9	福島支部（福島ひまわり会）	福島県伊達市
10	新潟支部（アンダンテ）	新潟県新潟市
11	長野松本支部（松本ひまわりの会）	長野県安曇野市
12	群馬支部	群馬県桐生市
13	栃木支部	栃木県宇都宮市
14	東京杉並支部	東京都杉並区
15	東京江戸川支部（つくしんぼ）	東京都江戸川区
16	東京世田谷支部ふたばの会	東京都世田谷区
17	東京目黒準支部（木苺の会）	東京都目黒区
18	東京大田支部（キャロットクラブ）	東京都大田区
19	東京中央準支部（てんとう虫）	東京都中央区
20	東京台東準支部（クローバーの会）	東京都台東区
21	東京文京支部（文京区ダウン症の会）	東京都文京区
22	東京荒川準支部（ピュア・ハート）	東京都荒川区
23	東京新宿準支部（ぽけっとの会）	東京都新宿区
24	東京練馬支部（ちゅうりっぷの会）	東京都練馬区
25	東京武蔵野準支部（武蔵野ひまわりの会）	東京都武蔵野市
26	東京西多摩支部（ぽっぽクラブ）	東京都羽村市
27	神奈川小田原支部（ひよこの会）	神奈川県小田原市
28	神奈川県湘南支部ミニこやぎの会	神奈川県藤沢市
29	神奈川鎌倉支部（DS虹の子会）	神奈川県鎌倉市
30	千葉船橋支部（とらの子会）	千葉県船橋市
31	千葉旭支部（あさひのつどい）	千葉県旭市
32	埼玉浦和支部（コスモス）	埼玉県さいたま市
33	埼玉県東部準支部	埼玉県草加市
34	静岡県支部	静岡県焼津市
35	山梨県支部（芝草の会）	山梨県甲府市
36	大阪支部	大阪府茨木市
37	奈良北支部（バンビーナの会）	奈良県奈良市
38	奈良支部	奈良県北葛城郡広陵町
39	和歌山県支部	和歌山県和歌山市
40	福井上中準支部	福井県三方上中郡若狭町
41	広島支部（えんぜるふぃっしゅ）	広島県広島市
42	山口県支部	山口県防府市
43	鳥取県支部	鳥取県米子市
44	岡山支部	岡山県新見市
45	香川支部	香川県高松市
46	徳島県支部	徳島県徳島市
47	高知小鳩会支部	高知県高知市
48	愛媛支部	愛媛県今治市
49	福岡支部	福岡県福岡市
50	佐賀支部（さんさんCLUB）	佐賀県佐賀市
51	熊本支部	熊本県熊本市
52	宮崎支部	宮崎県宮崎市
53	沖縄県支部	沖縄県島尻郡八重瀬町

※各支部へのお問い合わせは、直接JDS（03-5287-6418）にご連絡ください。

よくあるQ&A

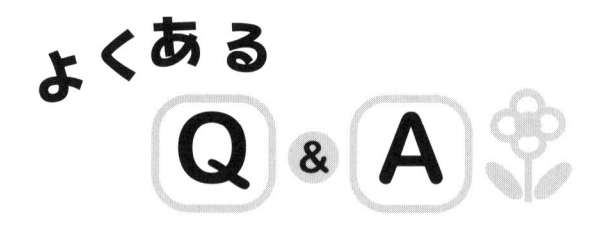

Q1 3歳の女の子です。ことばの発達が遅れています。どこに相談に行けばよいでしょうか？

A 通園施設や地域の療育センター，病院，ことばの教室などでは言語聴覚士（ST）が訓練，指導を行っています。ことばは知的な発達や社会性，運動などの発達と深くかかわっているため，乳幼児期は摂食指導や遊び，生活を通して全体的な発達を促していくことが指導の中心となります。

　3歳くらいまでは親子一緒のグループ指導（あそびを中心とした活動）の中で人とのかかわり方やコミュニケーションを学んでいき，4～5歳くらいになってからは，言語の理解面と表出面について，個別の言語訓練などを導入していきます。

Q2 2歳の男の子です。摂食がうまくできません。摂食指導と言語指導は関連が深いと聞きました。専門家にアドバイスを受けて家庭で食事の際に取り組んでみたいと思っています。どうすればよいでしょうか？

A ダウン症の子どもたちの発音指導における運動面からのアプローチとして，食事場面での摂食指導を通した取り組みも有効だと言われています。舌や口唇の機能を高めるために，①食べ物を丸のみにせずによく噛む，②口唇をしっかり閉じて水分や食べ物を飲み込む，③ストローは，舌を使った哺乳瓶飲みではなく，ストローを上下の唇で抑え，吸い込むように仕向けるなどの指導が有効です。

最初は，カップを下唇にあて手を添えて飲ませてあげたり，噛み方のお手本を見せながら一緒に噛むよう促してあげるとよいでしょう。こうした摂食指導は，地域の保健センターなどの保健師に相談しながら，子どもの実態などに応じてすすめましょう。

Q3 6歳の男の子です。来年小学校に入学します。発音が不明瞭で，周囲のお友だちが「何言ってるかわからない」と言ったり，親でもわが子の言っていることばがわかりません。発音の指導にはどのようなものがありますか？

A 発音の不明瞭さは，多くのダウン症児にみられ，なかなか改善が難しいことばの問題のひとつです。その原因としては，「音」に対する聞き取りの未熟さ（子どもによっては，聴覚障害の可能性もあるので検査する必要があります）からくるものと，発音（構音）の障害によるものがあります。

「音」に対する聞き取りの未熟さによる場合には，耳での細かい音の分析機能がまだ不十分なため，単語をひと固まりのことば（音）としてとらえてしまうこともあります。そのような場合には，文字（ひらがな）が読

めるようになると徐々に改善されるケースもあります。一つひとつの字に対応して「音」があることが分かり，文字を読むことによって言えるようになるのです。

　また，発音（構音）の障害の場合，ダウン症特有の口から出た舌，あつぼったい舌，高口蓋，歯の欠損なども発声発語に影響を与えているといわれています。特に舌や唇の動きが悪く，ほおの筋肉の動きも悪いようです。唇や舌，口腔の動きをよくするためには，離乳食の時期から食べる機能を向上させることによって，発音に必要な構音器官の動きを発達させることが必要です。こうした指導をする際には，大人が言い間違いや音の省略についてこだわってしつこく修正させようとせず，常に子どもへのことばかけは「ゆっくり」「はっきり」「やさしく」言ってあげる必要があります。何度も注意したり，言い直しをさせて，子どもの「話したい」という意欲を損ねないよう指導することが大切です。

Q4 4歳の女の子です。知的な遅れが著しく，身辺処理もひとりでできることが少ない状態で，まだ意味のあることばをしゃべっていません。
　こうした状況ではことばの指導は必要ないでしょうか？　そのほかにたくさんやるべきことがありすぎて混乱しています。

A 知的な遅れが著しく身辺自立がまだできていないお子さんの場合，周囲の人の話しことばを聞いて記憶し，理解する力の未熟さが顕著にあるといえます。そのため，ことばの理解力・表現力などを高めるための総合的な取り組みが必要です。お話ができ

るようになるための基礎となるいろいろな能力を育てていく必要があるのです。

　たとえば，物の名前を覚えるために，いろいろな物の違いが分かるようになること（異同弁別）もことばの基礎となります。また，しゃべるということは唇や舌の微妙で精巧な操作を必要とするため，それ以前の全身運動や手や指の動きが十分発達していなければなりません。こうした力を日常の遊びや食事，運動などの生活経験の中で育てていく必要があるでしょう。何よりも，身近な大人とのコミュニケーションを増やし，対人関係を築くための関わりが求められます。

Q5 小学校1年生の男の子です。幼児期は地域の療育センターで言語聴覚士の先生から言語療法（Speech Therapy）を2週間に1度受けていました。学齢期には言語療法は必要ないのでしょうか？

A 学齢期には，公立学校に設置されている「ことばの教室」での通級指導や，医療機関などでの言語指導が考えられます。多くは個別指導により発音や言語面の改善を目指しますが，小集団場面でのコミュニケーションスキルの習得を通して，学級集団への適応をはかることもあります。また，特別支援学校に在籍するお子さんの場合には，主に「自立活動」の授業を通してことばの指導を受けます。

　ダウン症児にとって，言語面での教育支援は最も重要な指導のひとつです。したがって，学校生活全体を通して，言語指導に取り組むことになっています。学校以外の場所（病院や療育機関など）で，個別に言語指導が受けられる場合は，学校生活の負担にならないように配慮しながらすすめましょう。

Q6 「言語指導」「コミュニケーション指導」「療育」など，ことばに関する様々な指導について説明を受けましたが，今ひとつ用語やその違いがよく分かりません。

A ことばの障害として，その内容は大きく3つに分けられます。第一は，ことばの理解やことばによる表現の困難といった，語彙や文法にかかわる言語領域の障害です。第二に，発音や流暢性の問題である構音障害や吃音など，発声・発語領域の障害です。第三に，相手とのやり取りがちぐはぐにならず，場面や文脈に沿って適切な言い回しをするという社会的ことばの使用であるコミュニケーション領域の障害です。これら全ての領域にかかわる指導を「言語指導」といいます。また，「コミュニケーション指導」とは，とくに第三の社会性を育てるために，対人的な場面でのコミュニケーションスキルの習得などを含めた指導をさします。

　「療育」とは，「治療教育」ということばから造られた用語で，現在では，障害のある子どもの発達を支援する医学，教育，福祉などを含めた総合的アプローチとしてその概念を広げています。したがって，ことばの指導のみでなく，広く障害の改善や発達支援をさすものです。

Q7 保育士です。保育や幼児教育の現場で行える，ダウン症児のことばを育てる指導はどのようなものがありますか？

A 　子どもの毎日の生活や経験の内容を豊かにすることは非常に重要です。子どもの生活する空間，遊び，友だち関係などの経験することの多様性は発達に大きな影響を与えるからです。特に幼児期になると，他の子どもとの交流や集団の活動の中で実際に体験することから多くのことばを学びます。したがって，保育園・幼稚園や障害児通園施設あるいは地域の健常児との交流や遊びが保障されるような環境をつくることが必要でしょう。

　ダウン症児は，他者と遊んだり交わることを好む子どもが多いことから，ままごと遊びによるやりとりを通して，指示に従ったり主張したり，他者とのかかわり方などの言語コミュニケーションや社会性を伸ばすことができます。

　また，絵本の読みきかせによって視覚的に示しているものを手がかりに，物の名前や概念を学んだり，パネルシアターなどを用いながら歌の歌詞を使ってことばの理解を促すような活動も有効です。直接的にことばの指導を行うよりも，保育園・幼稚園では，周囲との交流を通して，コミュニケーション力を高めていきましょう。

Q8　家庭でのことばの指導は，どの程度しつこくやっていいのですか？　時間や回数の目安を教えてください。

A　ことばの指導を行うにあたり，基礎となるのはまず日常生活のリズムを整えることです。その上で，遊びと生活，そして補足的に課題学習する場面が必要です。特に，遊びと生活の中には，ことばを育てる3つの要素である，対人関係，認知能力，運動能

力が育つ場面が自然な形で含まれています。また，いやがっているのにしつこく無理強いしたり，長時間の課題学習の場面を設定することで，お母さんが先生になり，遊び部屋が教室に変わってしまうという，子どもの心に混乱が生じてしまう場合もあります。こうした指導を行う際に注意したいのは，一方的なことばかけや言い間違いの訂正をしたり，できない遊びを何度もしつこくやらそうとすると，子どもの意欲を低下させてしまうことです。特に課題学習は子どもにとっては苦手な課題になりがちなので，遊びやゲーム感覚を取り入れながら，長時間行うことは避けましょう。そして，どの発達段階においても，子どもの状況に合わせて無理なく頑張らせすぎないで，しかし，あきらめずに楽しく行うことが大切です。

　幼児期であれば，家庭で1日1回，15～30分くらいにしましょう。間違いやできなかったことに対するやり直しは，「もう1回やってみようね！」にとどめておきましょう。療育センターや学校などの先生と相談しながらすすめていきましょう。

索　引

ア 行

遊び　35, 36
いないいないばぁー　50
衣服の着脱　38, 62
イメージ　62
運動能力　33
円形脱毛症　14
お絵かき　94
お手伝い　70, 92, 111
おつむてんてん　59
鬼ごっこ　89
オーラルコントロール　129
音声記号　32
音節分解　103

カ 行

絵画語彙発達検査（PVT）　137
概念（化）　33, 101, 102, 108
学習態度　85
学習の構え　100
学齢期　28, 99
かすれ声　104
課題　35, 39
課題学習場面　39
合併症　12
感覚運動機能　48
環軸関節発育不全　14
聞きとり　103
吃音　24, 105
緊張　25, 104
屈折異常　13
K－ABC心理・教育アセスメントバッテリー（K－ABC）　137
継次処理　137
形容詞　100, 108
言語発達　18, 120
語彙　100
語彙検査　137

構音器官　33
構音検査　120, 130
構音障害　103, 121, 124, 126, 130
構音障害の指導　121, 123
構音の発達　119, 125, 132
構音の明瞭度　129
口蓋裂　14
口腔器官　124, 126, 128
甲状腺機能低下症　13
ごっこ（遊び）　61, 88, 89, 153
ことばかけ　30, 104
ことばかけの種類　31
ことばの機能　31
ことばの指導　35
ことばの発達　19, 22
ことばの表出　33
ことばの理解　33

サ 行

サイン言語　153, 154, 161
ジェスチャー　71, 99, 101, 112
自我の発達　62, 84
集団遊び　83
集団場面　84
習得度　137, 139
出生頻度　11
出生前診断　12, 14
象徴遊び　49
滲出性中耳炎　13
心理的危機　15
スキンシップ　36, 50
生活環境　35
生活リズム　38
精神年齢　18, 137
舌圧子　127
前言語期　32, 47
染色体異常　11
先天性心疾患　12
そしゃく　91, 127

粗大運動　34

タ　行

対人関係　31
たかいたかい　36, 48
田中ビネー（式）知能検査　24, 137
知能検査　18, 137
知能指数（IQ）　137
聴覚障害　23, 46, 102
聴覚情報の認知　24
聴覚フィードバック　22
聴性脳幹反応　23
聴力検査　23
通園施設　78
手指（の動き）　55, 73, 94
テレビ　37
転座型　11
動作　62, 66, 73, 77
動作語　100, 101, 108, 111, 112
同時処理　137
特別支援学級　99, 122, 125
特別支援学校　122, 150

ナ　行

内反足　14
ナラティブ　135, 136, 140, 144
難聴　13, 23
二語文　100
21トリソミー　11
認知　158
認知能力　32

ハ　行

歯（の矯正）　14, 130
白内障　13
発音　34, 102
発声　22, 45, 51, 102
発達目標　29
反対咬合　130
ピープショウ乳幼児聴力検査　23
表出言語　20
プレ・スピーチ　127
分離運動　127, 128
平均寿命　12
母子の愛着　20, 21

マ　行

マッチング　95, 97
真似（模倣）　57, 77, 87, 98, 155
ままごと　49, 66, 88
みたて遊び　66
身振り（ジェスチャー）　54, 72, 101, 161
文字　85, 105
模倣運動　128

ヤ　行

役割遊び　50, 67
指さし・手さし　63, 71, 152, 154, 161

ラ　行

理解言語　20
理解語彙力　137
離乳（食）　23, 45, 51
両唇音　34
ルールの理解　83, 89

執筆者　（執筆担当順　＊は編者）

＊池田 由紀江（1・2・4章）　筑波大学名誉教授
＊菅野　敦（3・6章）　東京学芸大学名誉教授
　細川 かおり（5章）　千葉大学教育学部特別支援教育教室
＊橋本 創一（7・10章・付録）　東京学芸大学特別支援教育・教育臨床サポートセンター
　寺田 美智子（8章）　前東京都立府中療育センター
　菅野 和恵（9章）　東海大学健康学部健康マネジメント学科

協力　財団法人日本ダウン症協会

新 ダウン症児のことばを育てる
——生活と遊びのなかで

2010年2月15日　初版第1刷発行
2023年2月25日　　　第9刷発行

編著者　池田由紀江
　　　　菅野　敦
　　　　橋本創一
発行者　宮下基幸
発行所　福村出版株式会社
〒113-0034　東京都文京区湯島2丁目14番11号
　　　電　話　03（5812）9702
　　　ＦＡＸ　03（5812）9705
　　　https://www.fukumura.co.jp
　　　印刷／モリモト印刷　製本／協栄製本

© Y. Ikeda, A. Kanno, S. Hashimoto 2010
乱丁本・落丁本はお取替えいたします。
定価はカバーに表示してあります。

ISBN978-4-571-12107-4　C1037
Printed in Japan

福村出版◆好評図書

菅野 敦・橋本創一・小島道生 編著
ダウン症者とその家族でつくる豊かな生活
●成人期ダウン症者の理解とサポート実践プログラム
◎2,100円　ISBN978-4-571-12125-8　C1037

成人期に気をつけたい健康上の問題を解説し，心身共に充実した日々を送るための支援プログラムを多数紹介。

橋本創一・横田圭司・小島道生・田口禎子 編著
人間関係でちょっと困った人＆発達障害のある人のためのサポートレシピ53
●本人と周囲がおこなうソーシャルスキルトレーニング
◎1,900円　ISBN978-4-571-42042-9　C0036

タイプ別に分け，豊富な事例から本人と周囲ができる解決策を提示。人間関係でお困りの方におすすめの1冊。

橋本創一・熊谷 亮・大伴 潔・林 安紀子・菅野 敦 編著
特別支援教育・教育相談・障害者支援のために
ASIST学校適応スキルプロフィール
●適応スキル・支援ニーズのアセスメントと支援目標の立案
◎5,000円　ISBN978-4-571-12123-4　C3037

学校・職場などでの適応状況を可視化するオリジナルの調査法。専門知識は不要ですぐに使える。CD-ROM付。

渡邉貴裕・橋本創一 他 編著
特別支援学校・特別支援学級・通級による指導・通常の学級による支援対応版
知的障害／発達障害／情緒障害の教育支援ミニマムエッセンス
●心理・生理・病理，カリキュラム，指導・支援法
◎2,700円　ISBN978-4-571-12144-9　C3037

特別支援学校教諭免許状の第二・三欄カリキュラムを網羅。指導・支援者が学ぶべきミニマムエッセンスを解説。

B. M. プリザント・T. フィールズ-マイヤー 著／長崎 勤 監訳
吉田仰希・深澤雄紀・香野 毅・仲野真史・浅野愛子・有吉佳佑 訳
自閉症　もうひとつの見方
●「自分自身」になるために
◎3,000円　ISBN978-4-571-42066-5　C3036

自閉症の子どもを一人の人間として捉えなおし，その特性を活かしつつ共に豊かな人生を得る方法を提示する。

長田 実・宮﨑 昭・渡邉 涼 文／田丸秋穂 絵
障害者のための絵でわかる動作法
●はじめの一歩
◎2,600円　ISBN978-4-571-12092-3　C3037

動作特徴のモデルパターンを選択して，自分が覚えたい訓練だけを追える，ナビゲーション形式の図説書。

宮﨑 昭・村主光子・田丸秋穂・杉林寛仁・長田 実 著
障害者のための絵でわかる動作法2
●自立活動へのはじめの一歩
◎2,600円　ISBN978-4-571-12134-0　C3037

自立活動における動作法の活用方法を，個別の指導計画の作成手順，授業実践事例とともにわかりやすく図解。

◎価格は本体価格です。